OMERTA DANS LA POLICE

SIHEM SOUID
en collaboration avec
Jean-Marie Montali

OMERTA DANS LA POLICE

COLLECTION
DOCUMENTS

le
cherche
midi

Cet ouvrage n'est pas un pamphlet. Il s'agit d'un vécu de l'intérieur de l'institution policière. Tous les faits énoncés le sont sur la base de témoignages, de documents, procès-verbaux, comptes-rendus officiels, rapports et notes de service. Avec ce livre, il est possible que je perde mon emploi mais si la vérité est à ce prix, je n'aurai aucun regret.

S. S.

23, rue du Cherche-Midi, 75006 Paris
Vous pouvez consulter notre catalogue général et l'annonce
de nos prochaines parutions sur notre site Internet :
cherche-midi.com

« Placé au service du public, le fonctionnaire de police se comporte envers celui-ci d'une manière exemplaire. »

Article 7 du code de déontologie
de la police nationale

Introduction

Je ne suis pas une rebelle. Je suis une enfant sage. J'ai toujours obéi et je n'ai jamais contesté l'ordre établi. Je suis entrée dans la police par idéalisme, on pourrait dire pour aider mon prochain. J'entends les railleries : « Pour aider son prochain, mieux vaut entrer dans les ordres. Ou chez Emmaüs ! » Mère Teresa ou sœur Emmanuelle, en uniforme, faut voir ! J'ai toujours considéré que lorsqu'on fait le bien derrière soi, on le retrouve devant soi, comme disait ma grand-mère. Avec une philosophie pareille, rejoindre la police nationale était une évidence. J'avais longtemps cherché ma voie. Une carrière dans le privé pouvait, certes, être enrichissante, mais il me manquait quelque chose. Sans doute, apporter ma contribution à rendre la vie des autres plus vivable. Pour cela, j'ai choisi l'uniforme de la police. Préserver les libertés, les défendre contre la loi du plus fort, celle de la rue ou celle de l'argent qui procure des privilèges, au sens premier du terme, qui bafoue donc l'intérêt général et les valeurs républicaines. Quel policier n'a pas entendu un homme au cigare contester un PV et menacer de faire jouer ses relations ? On l'aura compris, ce présent ouvrage n'est pas un livre à charge contre la police. Il pointe surtout les dysfonctionnements de nos hiérarchies et leur soumission au pouvoir politique, quitte à trafiquer les chiffres.

On ne le dira jamais assez : tout cela se fait au détriment de la sécurité de nos concitoyens.

Si j'ai décidé d'écrire ce livre, alors que je suis toujours en fonction dans un service de la préfecture de police de Paris, c'est parce que j'ai une haute opinion du pays des droits de l'homme. Je continue de croire en la devise républicaine apposée au fronton de nos mairies et en la Déclaration des droits de l'homme affichée dans nos commissariats. Mais la contradiction, devenue permanente, entre ces idéaux et leur respect par le ministère de l'Intérieur m'a poussée à sortir de ma réserve. Je le fais sans parapluie ni filet. Certes, je suis tout à fait consciente des risques que j'encours et des poursuites éventuelles. Mais il existe des valeurs plus importantes que la préservation de son emploi et de son confort. Faire connaître à l'opinion publique les dérives de notre fonction est une œuvre de salut public. Abus de pouvoirs, trafic de chiffres, discriminations de tous ordres doivent être inlassablement dénoncés. Mon expérience des dysfonctionnements vécus à la Police aux frontières sont largement partagés, à des degrés divers, par des centaines de collègues d'autres services de police de l'Hexagone et d'outre-mer !

J'ai pris le risque des représailles, mais la patrie des droits de l'homme vaut qu'on se batte pour elle. Les risques sont malgré tout plus limités que ceux qu'avait pris mon grand-père Ali Malek en entrant dans la Résistance en 1942 !

En France, la loi sur la protection des donneurs d'alerte ne concerne que les entreprises privées et la corruption. Aux États-Unis, depuis 2002, la loi protège tout citoyen qui dénonce toute pratique illégale au sein de son entreprise ou de son administration. Dans notre pays, il semblerait que le devoir de réserve du fonctionnaire soit supérieur au devoir de dénonciation d'une injustice par ce même fonctionnaire, qui est pourtant également un citoyen ! Désobéir à un ordre qu'on estime illégal vaut, au mieux, le placard, au pire, la porte. Des injustices, des faits illégaux, tels que j'en énumère dans ce livre, preuves à l'appui, risquent de choquer les thuriféraires du devoir de réserve et les partisans de l'omerta, ceux qui croient qu'il faut laver son linge sale en famille. Sans témoin. À vrai dire, j'ai longtemps (trop peut-être ?) cru en cette seconde option. J'ai tenté d'alerter mes hiérarchies successives que la police ne tournait pas toujours rond et qu'on allait dans le mur. J'en ai pleuré, détruit mon mariage et laissé un peu de ma santé à certains moments. J'ai hurlé, mais c'était dans le désert ! Il n'est pire sourd que celui qui ne veut pas entendre. En haut lieu, on a dû penser que j'allais me lasser, qu'en me proposant quelque hochet j'allais me taire. Tout le monde a un prix, paraît-il ! Mais apparemment, des valeurs essentielles et l'engagement en faveur d'un avenir meilleur ont eu raison des récompenses ou des avancements de complaisance. J'ai pris sur moi et forcé ma nature. Je suis sortie du rang. Je n'ai pas l'âme d'une héroïne ; ce qui m'anime, c'est la volonté de faire évoluer les mentalités et de changer les fonctionnements qui ne correspondent pas à l'éthique de la police, toujours républicaine, mais pour combien de temps encore ?

Le viol

Le 24 février 2010 est un jour ordinaire et, comme tous les autres jours ordinaires, il est tombé dans un trou de mémoire. Il n'y a rien à en dire : les jours ordinaires n'ont pas d'histoire.

On se souvient des jours extraordinaires, pas des jours anonymes. On se souvient du 18 Juin et du 11 Septembre, mais le 24 février 2010 ? Qui se soucie du 24 février 2010 ?

C'était un mercredi. Ça aurait pu être un lundi ou un jeudi. Ou un vendredi. Mais c'était un mercredi et personne ne s'en souvient, sauf peut-être quelques retraités, et moi. Les retraités, parce que ce jour-là, ils ont manifesté un peu partout en France à l'appel des syndicats pour défendre leur pouvoir d'achat.

Et moi, parce que j'ai été violée.

Pourtant, je suis flic. Depuis des années, j'entends toute la journée des hommes parler de leurs coups de sang, de leurs colères, de leur folie, de leurs pulsions et de leurs vices. Je lis des rapports qui alignent les cadavres, les overdoses et les viols. Au début, après chaque lecture, j'avais l'impression d'avoir vu jusqu'au fond de l'âme humaine, comme ces seaux qu'on vide et qui laissent une boue nauséabonde. J'adhérais encore à la tragédie. Je compatissais. Et puis j'ai pris l'habitude : des hommes tuent, des hommes meurent, des hommes violent, des femmes crient. C'est comme ça. Banal. Quand il n'y a qu'une seule victime, on peut imaginer la vie brisée, la souffrance et les larmes des proches. Mais quand c'est tous les jours et jour après jour, on ne peut plus. Il y en a trop. Il n'y a plus pour cela de mots ni d'émotion. Il n'y a plus que des salauds ou des pauvres types qu'on doit arrêter. Et des chiffres qu'on additionne pour en faire des statistiques.

Je suis flic. Il ne peut rien m'arriver. Je suis l'ordre et la loi. Je suis forte. Un flic, ça se respecte. Même si c'est une femme avec une tête maghrébine.

Je suis flic et je m'appelle Sihem Souid. C'est un nom tunisien, comme le sont mes parents. Mais moi je suis française.

Je suis un flic français. Ça ne m'a pas empêchée d'être violée.

Mercredi 24 février 2010. Il pleut. Je regarde la pluie tomber par la fenêtre, les lumières des réverbères qui se reflètent dans les flaques et quelques silhouettes grises qui glissent le long des murs, cols remontés et les mains au fond des poches. Dehors, il fait froid. Je souris. J'ai chaud. Il fait toujours chaud chez mes parents.

La pluie «plipoloque» sur la vitre et fait des arabesques en dégoulinant. Dans le reflet, je devine ma fille et ma mère qui lui raconte une histoire. Je me souviens de cette scène comme si elle s'était passée hier : ma mère et ma fille blotties l'une contre l'autre sur le canapé, la pluie qui cogne à la fenêtre, et mon père qui fait semblant d'être occupé à autre chose mais qui lui aussi écoute l'histoire. La petite, le front plissé en accordéon, concentrée sur l'histoire. Et ma mère qui, de temps en temps, fait voler ses mains devant leurs deux visages, comme deux petits oiseaux moqueurs. Un bonheur familial simple et tranquille, bien douillet, sans prétention sauf, peut-être, celle de croire qu'il est éternel. Bien sûr, je ne pensais pas à tout cela ce mercredi 24 février. On ne réfléchit pas assez au bonheur. On le croit naturel. Normal. Indestructible. On se trompe.

Enfin bref, ce soir-là, j'étais chez mes parents pour y laisser ma fille, parce que j'étais invitée à dîner chez des amis.

C'est une route de trente minutes à peine jusqu'à chez eux. Ils vivent en banlieue, comme moi. J'aime bien la banlieue. J'y suis née, et c'est là, dans ces quartiers, que j'ai grandi. J'en connais les histoires, les odeurs, les habitudes, les couleurs, les habitants et leurs colères. J'en connais les règles. Je m'y suis toujours sentie parmi les miens, à ma place et en sécurité. C'est mon environnement et ma vie : mes racines sont là, dans ce béton, sous ce ciel.

Mes amis vivent dans une petite ville de la banlieue parisienne, sans fantaisie architecturale et dont il n'y a pas grand-chose à dire, sinon que l'autoroute l'empêche de s'étendre davantage et que ce n'est pas plus mal. L'histoire de cette banlieue se lit sur les façades : maisons bourgeoises et coquettes du début du XXe siècle ; pavillons ouvriers au fond des jardins ; immeubles de briques et tours en béton. Une banlieue ordinaire, un peu grise, un peu triste.

Peut-être que si j'avais eu un GPS je n'aurais pas été violée. Si je ne m'étais pas perdue, ce mercredi 24 février 2010 serait restée une journée ordinaire.

Le dîner se serait bien passé. On aurait refait le monde, parlé de nos enfants, de nos boulots et, puisque je connais les convenances, j'aurais fait l'éloge de la cuisine.

Mais je me suis perdue. Parce que c'était la première fois que j'allais à cette adresse, qu'il faisait une nuit noire, épaisse comme un caillot de sang, qu'il pleuvait des cordes, que je ne voyais pas le nom des rues. Mais, à force de détours, j'ai quand même fini par la trouver, cette rue : elle file en ligne droite entre des maisons qui se ressemblent toutes. Une rue bien sage, plutôt bourgeoise, les poubelles alignées devant les portes. Quelques lampadaires qui, de loin en loin, font une bulle de lumière. Mais presque aucun numéro au-dessus des portes, ni sur les façades.

Si je ne m'étais pas perdue, je serais arrivée un bon quart d'heure plus tôt. Mais là, je me suis garée en même temps qu'une Renault Kangoo. C'est rassurant, une Kangoo. C'est la voiture du bon père de famille, du type rangé qui calcule ses fins de mois et prévoit déjà les sièges bébé alignés sur la banquette arrière, les valises dans le coffre et les vélos sur le toit. Une bagnole de gens honnêtes. Est-ce que vous imaginez un seul instant des voyous monter un braquage dans une Renault Kangoo ?

Le conducteur est un type d'une trentaine d'années, plutôt grand et costaud, en jean et en pull-over. C'est un Maghrébin, comme moi. Il n'y a que nous deux dans la rue. Et un chien qui aboie quelque part derrière une grille. Il farfouille dans son coffre et m'observe du coin de l'œil. Je n'ai pas peur.

Je passe. Sa main qui se referme sur mon bras gauche l'autre sur ma nuque. Deux tenailles. Son visage à quelques centimètres du mien. J'ai crié. Une fois, une seule fois.

« Lâche-moi !

– Ta gueule ! »

Les mains qui serrent plus fort. Qui m'entraînent. Je veux lui sauter au cou, arracher les yeux de ce salopard, lui exploser sa virilité à coups de genoux. Je veux hurler, m'enfuir. Mais je ne peux pas. Je suis en plomb. J'ai peur. Mon Dieu comme j'ai peur ! Une peur animale qui pèse des tonnes et me cloue au sol. Je suis flic ! Flic ! Cette ordure me parle. Je ne comprends rien. Des mots dans un brouillard de mots. Ses mains sur moi, son souffle, son corps qui pèse, son odeur de transpiration, aigre, le chien qui aboie, la pluie qui tombe, la rue déserte.

Il a fait ce qu'il voulait faire.
« Si tu portes plainte, je te tue. »

Combien de temps je suis restée là, plantée sur le trottoir ? Je ne sais pas. Comment dire les choses ? J'étais au-delà de la souffrance. Brisée, ravagée. Broyée. Mais j'étais surtout comme absente, inerte comme une pierre. Comme si le temps s'était arrêté et la vie avec : je respirais, mais j'étais morte. Je n'existais plus. Je n'entendais plus. On m'avait violée, je n'étais plus rien. Rien. Et puis j'ai entendu, loin, très loin, le chien aboyer. Il aboyait sans colère, mais avec cette obstination régulière des molosses jusqu'à ce qu'il me réveille complètement et que je comprenne que j'étais encore en vie.

Je cours jusqu'à ma voiture. Je m'enferme et je démarre en trombe. Vite partir d'ici, le plus loin possible de cette rue maudite qui abrite le salopard qui m'a violée. Effacer ce paysage de ma mémoire. Sortir de cette scène comme on sort d'un théâtre, et retrouver la vraie vie où tout allait se remettre en place.

Je roule au hasard jusqu'à un parking où je m'effondre sur le volant. J'ai mal. Je veux dire vraiment mal. Une souffrance qui n'en finit pas de grossir, qui me ronge de l'intérieur à coups de petites dents bien aiguisées. Je tremble et je pleure. Peut-être que ce qui vient avec douleur s'en va avec les larmes ? Je ne sais pas. J'ai tellement mal, j'ai tellement honte, je me dégoûte tellement... La honte comme un poison. Qu'est-ce que je vais dire ? Qu'est-ce que va dire mon père ? Et ma mère ? Qu'est-ce qu'ils vont dire de moi ? Je pense à toutes ces femmes violées puis méprisées par les bonnes consciences. Comme si la souillure était contagieuse. Comme si elles étaient coupables de je ne sais quelle infamie. Obligées de se taire pour ne pas ajouter la honte au désespoir et à la douleur. Alors, elles se taisent, recroquevillées sur leur malheur. Quelques-unes finissent par en crever.

La pluie tambourine sur le toit. Elle rebondit sur le trottoir.

De l'autre côté de la rue, j'aperçois deux couples qui se serrent sous leurs parapluies. Ils rient, bras dessus bras dessous. Ils sont heureux. Je pense un instant à les appeler.

« Aidez-moi, s'il vous plaît. Aidez-moi, je viens d'être violée. Aidez-moi, il ne m'a pas tuée mais je voudrais mourir. Aidez-moi, je ne suis plus une femme policier, mais une petite fille qui vient d'être violée. ».

Mais non. Je me tais. Ils sont de l'autre côté, du côté du bonheur, bien trop loin et je n'ai plus la force de traverser.

Je voudrais disparaître.

Et puis je pense à ma petite fille.

Je n'ai pas allumé les lumières. J'ai tiré les rideaux. Je suis restée dans le noir. Je ne voulais pas me voir, je voulais rester aveugle à moi-même. À tâtons, j'ai cherché des lingettes nettoyantes. Et toujours dans le noir, j'ai frotté chaque centimètre de peau. J'ai frotté pour effacer. J'ai frotté longtemps.

Et puis j'ai passé la nuit les yeux au plafond, espérant, je ne sais pas, me fondre dans l'obscurité ou dormir assez longtemps pour oublier.

Et lui, le salaud, est-ce qu'il dort la conscience tranquille et l'âme en paix ?

Je voudrais sombrer. Dormir cent ans. Mais, à chaque fois que je glisse, le souvenir me mord. La sale bête. Elle me tient éveillée jusqu'au matin.

Une douche, plus longue et plus chaude que d'habitude.

Et puis j'ai analysé froidement la situation. Sans passion. Elle n'est pas brillante.

D'accord, j'ai deux bonnes raisons de pousser la porte d'un commissariat et de déposer une plainte qui mènera le salopard tout droit devant un juge. *Primo*, je suis la victime. *Secundo*, je suis fonctionnaire de police, je suis de la Maison, et mes collègues mettront un point d'honneur à régler cette affaire sans traîner.

Seulement voilà : il y a aussi un tas de bonnes raisons pour que je ne dise rien.

La honte, d'abord. Une honte épaisse, étouffante et qui m'emprisonne.

Et lui, le salaud, est-ce qu'il a honte ?

La peur ensuite, des questions et du regard des autres qui, jour après jour, se posera sur moi comme une ventouse et me fouillera jusqu'au cœur pour me juger ou deviner ce que je ressens.

Et lui, le salaud, est-ce qu'il a peur ?

Parce que moi, j'ai peur. Je sais que lorsque ma famille l'apprendra, sa réaction risque d'être terrible. Mon déshonneur est celui de mon nom. Le viol est une insulte faite à ma race, à mon sang. Les hommes voudront peut-être se venger. C'est comme ça, je n'y peux rien. Sauf si je me tais.

Enfin, il y a une autre raison. Il y a quelques mois, j'ai fait ce qu'un policier ne doit pas faire : j'ai porté plainte contre ma hiérarchie. À l'époque, je servais à la Police de l'air et des frontières (PAF) d'Orly, et j'ai mis en accusation mes supérieurs après des mois de harcèlement et de discrimination. Je suis celle qui a trahi ses chefs et ses pairs, celle par qui le scandale arrive. Autant dire que dans les couloirs on m'évite autant que possible. Alors, je sais bien que si je me lance dans une nouvelle procédure, ça ne va pas déclencher l'enthousiasme. J'imagine même que tous ceux que j'ai mis en cause vont se frotter les mains et que les autres vont traîner des pieds. Et pour faire bonne mesure, ma réputation d'emmerdeuse sera définitivement établie.

Alors je décide de ne rien faire. Je vais enfouir le viol tout au fond de ma mémoire, et entasser par-dessus une pile de nouveaux souvenirs pour oublier le salaud. Passer à autre chose, sûre qu'avec le temps ce souvenir-là perdra de son mordant et de son autorité. La vie va reprendre. Il le faut.

Alors autant commencer tout de suite. Mon corps bouge, mes jambes marchent, ma bouche respire, mes yeux voient. Mais j'ai la tête vide. Gestes mécaniques commandés par des années de routine. Il faut que je tienne. Je me regarde dans la glace. Teint de cire, cernes noirs. Visage chiffonné. J'ai un hématome sur le bras gauche, quelques centimètres au-dessus du coude. C'est l'empreinte du salaud. Sa trace. Il m'a marquée, comme on marque le bétail. Je me regarde avec un dégoût attentif, méticuleux, même.

Et lui, le salaud, à quoi il pense en se regardant dans la glace ?

Un peu de maquillage, pour faire bonne figure. Les escaliers que je dévale sur la pointe des pieds et en rasant les murs, espérant ne croiser personne. La rue. Les gens. Tout le monde me regarde parce que tout en moi raconte le viol, j'en suis sûre. Vite jusqu'à la voiture, les yeux par terre pour ne voir personne.

C'est rue Montorgueil, près de l'église Saint-Eustache, que tout a commencé. Parce que je le voyais partout, le salaud : c'est lui qui traverse au feu de la rue Réaumur, qui sort de la station de métro Étienne-Marcel, qui descend de son scooter, lui encore qui pousse la porte d'un bistrot ou celle d'une boulangerie. Lui qui téléphone, qui fume au pied d'un immeuble, lui qui s'engouffre dans un taxi, qui claque la portière de cette camionnette de livraison...

J'ai chaud et je tremble, les mains crispées sur le volant. J'ai mal au bras, à la nuque, j'ai mal partout. J'ai la nausée, j'ai envie de crier. J'ai peur de m'évanouir. Je suis brûlante. Le salaud. L'arrogant salaud.

Qu'est-ce que tu fais, salaud, à cet instant même, quand moi je meurs enfermée dans ma voiture comme une conne, qu'est-ce que tu fais ce matin alors que tu m'as violée hier ? Est-ce que tu embrasses ta femme pour lui dire au revoir ? « Au revoir, ma chérie, à ce soir. » Salaud.

Et il faudrait que je fasse comme s'il n'avait pas dévasté mon existence ? Que je me recolle, que je me retape pour repartir de zéro et que la vie recommence comme avant-hier ? Oublier hier ? Faire comme si le mercredi 24 février n'avait pas existé ? On est passé du mardi 23 à aujourd'hui. Hier ? Un vide, un trou dans cette continuité abstraite des jours.

Je n'y arriverai pas. Je ne suis pas assez forte. Je ne peux pas vivre en pensant que le salaud continue à se pavaner comme un assassin qui se vante. Je ne le veux pas. Et je porterai plainte le lendemain. Quelles qu'en soient les conséquences.

Qu'est-ce que tu penses de ça, salaud ? Tu ne violeras plus. Je ne suis peut-être pas ta première victime. Tu es peut-être l'un de ces spécialistes des agressions sexuelles contre les Maghrébines, parce que tu sais que chez nous on préfère le silence à la honte et la souffrance muette au déshonneur public. Mais je suis ta dernière proie, tu ne violeras plus.

Une commandante, attentive et patiente, m'écoute en silence. C'est une femme sensible qui, avec des gestes simples, me redonne un peu de confiance. Elle respecte mes silences et, parfois, sa main, légère, se pose un instant sur la mienne. Elle me sert un thé, très chaud, très fort et très sucré. Mélange d'amertume et de douceur. Elle décide d'avertir ma hiérarchie parce que je n'en ai pas eu le courage. Puis tout va très vite. La mécanique policière se met en branle, implacable. Les flics font leur boulot, efficaces, et je vois bien que, quand ils s'adressent à moi, ils le font avec le plus de gentillesse possible. Ils me traitent comme une victime et comme l'une des leurs. Ça me fait du bien. S'ils savaient comme leurs sourires et leurs maladresses me font du bien !

Des policiers du service départemental de la police judiciaire (SDPJ) viennent me chercher et m'accompagnent à l'unité médico-judiciaire d'un hôpital. Ma capitaine est là. Elle me suit comme une ombre bienveillante, et je me laisse conduire d'un bureau à l'autre, d'une salle à l'autre. Un médecin m'examine, des prélèvements sont effectués.

Nous voilà de nouveau en voiture, serrés les uns contre les autres. Ça ne me gêne pas.

Les policiers ont mis à peine plus d'une heure pour identifier mon agresseur. Je leur avais décrit son visage, du moins les vagues souvenirs qui me restaient ; mais surtout son regard, resté gravé dans ma mémoire. Puis j'étais allée avec eux reconnaître les lieux de son forfait. Ils l'ont interpellé le lendemain matin à 6 heures. C'est bien. C'est juste. En attendant, il faut que je sois auditionnée une fois de plus par les collègues du SDPJ. La capitaine qui me soutient depuis ce matin les informe que je suis « fragile depuis quelques mois, ayant connu un changement de service dans des conditions difficiles, une rupture sentimentale et une procédure de divorce en cours de clôture ».

Il n'y a rien à dire des bureaux du SDPJ, sinon qu'ils auraient besoin d'un bon coup de peinture. Quelques cartes postales punaisées sur les murs. Quelques photos et des dessins d'enfants. Une fenêtre ferme mal, laissant couler un courant d'air glacial à travers toute la pièce.

Le policier qui me reçoit est un type bien. Il me met à l'aise tout de suite. Notre conversation, dit-il, est filmée par une Webcam. Et je lui raconte tout. Il m'écoute en silence. Et je parle comme pour me débarrasser de toute cette crasse et de mes douleurs, et les laisser là, dans ce bureau qui en a vu et entendu d'autres. Et puis je me tais. Soulagée. Le policier me pose quelques questions, revient sur un détail que je trouve insignifiant, mais je fais un effort : c'est un enquêteur. Il connaît son boulot. Et il veut un maximum d'éléments afin de coincer le salaud.

À 21 heures, d'autres fonctionnaires me raccompagnent chez moi. Ils récupèrent les vêtements que je portais la veille pour les analyser et les lingettes que j'ai utilisées.

Je suis éreintée. Fatiguée jusqu'à l'ivresse. Mais fière de moi. Très fière, même.

Je m'endors sur le canapé. Une nuit réparatrice et sans rêve.

Le lendemain matin, c'est la sonnerie du téléphone qui me réveille. À l'autre bout du fil, une voix de femme qui m'annonce que mon agresseur a été arrêté à 6 heures, comme convenu. Cueilli au lit et embarqué au poste encore abruti de sommeil et, comme on dit, « sans opposer de résistance ».

Il va t'en falloir, salaud, de la résistance. En prison, les «pointeurs», ça dérouille.

Au téléphone, la voix explique que les enquêteurs veulent m'entendre une nouvelle fois. Une dernière audition. Oh, rien de spécial : quelques détails à confirmer. La routine de la procédure. «Merci de venir dès que vous pouvez. Le plus vite possible, c'est bien. Ne vous inquiétez pas, ça ne durera pas longtemps.»

Je ne m'inquiète pas. Quelle drôle d'idée. Pourquoi je m'inquiéterais ? Le prédateur est enfermé. Je regarde par la fenêtre : il ne pleut plus. C'est une belle journée qui commence. C'est ce que je crois. Mais je me trompe. Rien ne laisse deviner qu'en réalité c'est une journée pourrie qui s'annonce.

Je ne connais pas les policiers qui m'accueillent pour cette nouvelle audition. Je tends la main qui reste dans le vide. On ne me salue pas. Le salaud est là, assis les jambes repliées sous sa chaise, trapu et massif, la tête et le buste avachi, pétrifié dans son inquiétude. Il regarde la pointe de ses chaussures et ne lève même pas les yeux vers moi quand la porte s'ouvre. Ni quand elle se referme.

Salaud. Salaud de violeur, regarde-moi ! Je suis là, face à toi, et tu vas payer.

Silence. Mes collègues me scrutent sans gêne et avec une hostilité presque palpable. Je ne comprends pas. Commence alors un dialogue hallucinant où les rôles et les valeurs sont inversés. C'est moi la coupable. Coupable d'avoir porté plainte contre ma hiérarchie.

Pire encore : j'ai parlé à la presse. Mon cas est grave. Je suis une emmerdeuse qui ne sait pas laver son linge sale en famille.

Je n'y crois pas : je suis ici parce que je suis la victime d'une agression sexuelle, et voilà que devant mon agresseur, on veut me faire payer d'avoir brisé l'omerta en vigueur dans la police ! Ce qui se passe dans la police doit rester dans la police, bien à l'abri derrière la double muraille du secret et du silence. Un flic, ça ferme sa gueule. C'est la règle. Quand on entre dans la police, on doit le savoir. Motus et bouche cousue. Le silence est fourni avec l'uniforme. Et puis, de toute façon, on apprend très vite à répondre aux insultes et aux vexations par une espèce de passivité végétative. Ou alors, on prend le risque d'être traité comme un pestiféré et de sacrifier sa carrière. Silence dans les rangs. On se tait. Mais pas moi. La loi du silence, c'est un truc de voyous. Moi, je suis policier.

D'après ceux qui m'interrogent, mon agresseur, lui, est un type bien. Vraiment. Un brave garçon qui s'exprime correctement et qui doit se marier dans un mois. Je ne voudrais tout de même pas lui gâcher sa vie de couple ? Il a d'abord nié avoir eu le moindre rapport sexuel avec moi, mais lorsqu'il a compris que les expertises scientifiques démontraient le contraire, il a dit que j'étais consentante. Tout simplement.

« Et puis il est beau, non ? »

Je pleure doucement.

Je me laisse conduire dans un nouveau bureau couleur d'ennui. Gris des murs, des tables et des chaises. Une odeur de tabac froid. Quelques dossiers qui traînent ici ou là. Un Rubik's cube pour tuer le temps. Des gobelets de café froid abandonnés depuis longtemps et dans lesquels surnagent quelques mégots.

Il y a là deux enquêteurs. Le premier doit avoir une petite quarantaine d'années, même si ses rondeurs satisfaites et son front dégarni le vieillissent un peu. Le deuxième est un capitaine, genre sportif longiligne et nerveux, le cheveu ras, le regard clair. Les manches de sa chemise sont retroussées et les muscles tressés sur les avant-bras. Il arpente la pièce à grands pas, s'assoit, se relève, ouvre les tiroirs et les referme d'un geste sec : clac ! Trois pas à droite, clac, trois pas à gauche, clac. Chacun joue son rôle sans conviction : le ventripotent, c'est le gentil. Le sportif, c'est le méchant. Et moi la tête de mule.

« Sois raisonnable. Retire ta plainte. À quoi ça sert, tout ce ramdam ? À rien. Tu comprends : à rien. Celui que tu accuses, il n'a pas vraiment le profil du violeur : un BTS, un bon petit boulot, un petit pavillon et une petite nana qu'il épouse dans un petit mois. Alors quoi, tu ne veux pas casser tout ça, quand même ! Réfléchis. Et puis si on trouve des preuves ou même des indices que la relation était consentante, ça va se retourner contre toi. »

C'est le monde à l'envers. D'autant que, dans la pièce d'à côté, le salaud est lui aussi interrogé. On rassemble ses dires et les miens et on essaie de me confondre ! Je suis devenue l'accusée.

Je ne suis même plus en colère. Je regrette d'être ici et d'avoir fait confiance à mes collègues. Je n'en reviens pas d'avoir été aussi naïve. Je voudrais partir, rentrer chez moi. J'ai besoin d'air. Mais je dois être confrontée au salaud.

Cette fois, nous sommes huit dans la pièce. Six policiers, mon agresseur et moi.

Les règles sont fixées : « Personne ne parle sans y être autorisé et seulement pour répondre aux questions. » C'est le sportif qui parle.

Un technicien prépare la caméra, puisque l'entretien doit être enregistré, comme le prescrit désormais la loi.

Le violeur n'en mène pas large. Et pourtant, en dépit des ordres, il risque une phrase lâchée par surprise.

« Je m'excuse si je t'ai offensée. »

Cette phrase, c'est un aveu. Un aveu que les autres font semblant de ne pas entendre et qui n'est pas enregistré par la caméra qui ne tourne pas encore. Et avant même que je puisse dire quoi que ce soit, un des flics gronde, la voix vibrante de colère.

« Vos gueules ! Interdiction de vous parler. »

Salaud, je ne veux pas de tes excuses. Ton regard suppliant de chien battu ne m'apitoie pas. Je veux que tu sois puni.

Salauds, je ne céderai pas. J'irai au bout, malgré vos menaces, malgré vos pressions. Vous ne me faites plus peur. Que peut-il m'arriver de pire ?

Que peut-il m'arriver de pire, en effet, que cela : depuis ce matin des policiers, mes collègues, font tout pour mettre en doute mon témoignage. La ficelle est un peu grosse, mais ils s'obstinent à tirer dessus. Ils veulent me faire passer pour une menteuse, une mythomane ou une pauvre fille fragile, secouée par son divorce et un peu dérangée. Si je suis capable d'inventer un viol, pourquoi ne serais-je pas capable de monter de toutes pièces une histoire de harcèlement et de discrimination à l'encontre de ma hiérarchie ?

C'est une lieutenant qui mène les débats, une brunette d'une trentaine d'années, assez jolie, mais sèche comme un coup de matraque. Les questions fusent, mesquines et vicieuses.

« Pourquoi tu n'as pas appelé la police juste après ton agression ? » « Pourquoi tu ne t'es pas défendue ? » « Qu'est-ce qui nous prouve que tu n'étais pas consentante ? » « Tes copains journalistes sont au courant ? » « Tu avais bu, ce soir-là ? »

Et celle-là, comme une flèche : « Il est beau, non ? »

Un interrogatoire en règle qui n'est adressé qu'à moi seule. Mon agresseur, lui, garde la tête baissée et tente de se faire oublier. À peine s'il respire. Peut-être qu'il se demande même ce qu'il fait là. En tout cas, j'ai l'impression qu'il se sent gêné.

Il faut que je reste calme, malgré le sang qui me cogne aux oreilles et cette colère qui me prend aux tripes. Je réponds le plus doucement et le plus distinctement possible. J'explique que je ne suis pas allée directement dans un commissariat parce que j'avais honte et que j'avais mal, que je voulais oublier. J'ai essayé de leur dire qu'à ce moment-là plus rien n'avait d'importance et que tout m'était indifférent.

La lieutenant dit : « Je ne te crois pas. »

Elle dit encore, à ses collègues cette fois : « Si elle a des problèmes, faut qu'elle aille se faire soigner. »

Et les autres rigolent. Je jure qu'à ce moment-là, quand la lieutenant dit : « Il faut qu'elle aille se faire soigner », les autres ricanent. Et la lieutenant est contente de son effet. Elle glousse.

Sur sa chaise, le salaud croise les jambes. On s'étonne : il est encore là, celui-là ?

Cette fois, je craque : « C'est toi qui devrais te faire soigner ! On ne parle pas comme ça à une victime. Et lui, là, vous ne l'interrogez pas ? C'est lui, le coupable, vous avez oublié ? »

Le salaud décroise les jambes. Mais, cette fois, personne ne lui accorde le moindre regard. C'est la lieutenant qui monopolise l'attention. Elle fulmine, pâle comme un mouchoir du dimanche.

« Regardez-la, la pauvre petite victime ! Elle est prête à nous bouffer tous les six ! Mais lorsqu'il s'agit de l'agression d'un seul, elle se débat à peine ! Qui va te croire ? Je vais te faire virer de la police ! Tu m'entends ? Et tu peux toujours appeler SOS Journalistes ! »

Elle se calme et sourit à l'attention des autres, captivés. Elle ménage son effet. Les mains sur les hanches, elle nous toise, tous : victime, coupable et policiers.

Et puis elle se tourne vers le salaud et semble l'apercevoir pour la première fois. L'autre se tasse sur sa chaise, les épaules voûtées. Elle sourit encore et, d'une voix douce et aimable, lui propose un café. La lieutenant qui est une femme, comme moi, propose au violeur de lui servir un café.

« Je vous sers un café ? »

Avec le sourire, en plus !

Et une petite voix qui lui répond : « Non, non merci. » C'est le salaud qui voudrait être ailleurs, même en prison.

Et moi j'explose : « Pourquoi tu ne lui laves pas les pieds ? »

La lieutenant se rue vers moi, fait mine de me gifler et hurle de toute sa haine pour ce que je représente qu'elle va « me mettre deux beignes ». C'est ce qu'elle a dit : « Je vais lui mettre deux beignes à celle-là ! »

Les autres interviennent et la saisissent par les bras en la priant de se calmer. Un jeune flic lui rappelle que tout est filmé, mais la femme officier hausse les épaules : cette partie de la bande sera effacée...

Le silence retombe. Lourd. Le salaud, probablement gêné d'assister à cette scène de famille, en profite pour nous proposer, d'une voix timide, « d'attendre dans le couloir » !

Je dois rêver. Tout cela n'est pas possible et ne peut pas exister. Je vais bientôt me réveiller dans un monde normal. Mais non. Il insiste : « Je peux sortir, si vous voulez. »

Tous les yeux se braquent sur lui et le clouent à son dossier. Faut quand même pas exagérer.

Il sera finalement renvoyé devant une chambre correctionnelle. Il s'en tire bien : un viol est un acte criminel passible de la cour d'assises où les peines prononcées sont beaucoup plus lourdes. Il n'a pas encore été jugé.

Voilà. C'est toute l'histoire de mon viol, de la plainte que j'ai déposée et de la façon dont j'ai été traitée par quelques policiers qui ne m'ont pas pardonné d'avoir brisé l'omerta.

Ils n'ont pas oublié qu'avec d'autres policiers nous avons décidé de ne plus nous taire et de dénoncer les pratiques inacceptables dont nous étions les victimes. Parce que nous étions fiers de notre uniforme et des valeurs qu'il véhicule : les valeurs de la république, celles-là mêmes que nous étions censés appliquer et défendre au quotidien. Ces valeurs qui excluent le sexisme, l'homophobie et le racisme.

Je vais vous raconter ce qui s'est passé.

Tant pis pour eux.

Premiers pas dans la police

J'ai commencé le 1er juillet 2002 dans la vie active en travaillant pour la Brink's, cette société américaine implantée en France depuis 1961, mais créée à Chicago un siècle plus tôt pour organiser le transport de fonds à l'époque des bandits de grands chemins et des attaques de diligences. Elle s'est depuis spécialisée dans la sécurité et notamment dans la sûreté aéroportuaire.

Je suis employée à Orly aux tâches habituelles des agents de sûreté : contrôle des documents, inspection et filtrage des bagages, sécurité des avions en surveillant les zones d'accès réservées aux personnels autorisés et contrôle du fret.

Plus de 25 millions de passagers arpentent chaque année les couloirs de l'aérogare et il y a plus de 200 000 mouvements d'avion par an. Pour nous, la hantise, c'est l'attentat, le dingue qui réussirait à se faufiler à travers les contrôles, les poches ou les chaussures bourrées d'explosifs et qui, au nom de je ne sais quelle cause perdue, ferait tout exploser. Depuis le 11 Septembre, cette menace d'attentats est tout en haut de la liste des priorités, même s'il n'a pas fallu attendre 2001 pour la prendre en considération.

La deuxième priorité, c'est le temps. Parce que dans un aéroport plus qu'ailleurs, le temps, c'est de l'argent. Lorsqu'un avion décolle en retard, la compagnie aérienne peut se retourner contre ADP qui à son tour peut nous réclamer des comptes : jusqu'à 7 500 euros par minute de retard !

Tout ça pour dire que j'étais alors très loin d'imaginer une carrière dans la police. J'étais entrée à la Brink's par la petite porte et, un à un, j'avais gravi les échelons jusqu'à occuper un poste de cadre, rémunéré trois fois plus qu'un débutant dans la police. Je n'avais pas encore 25 ans, des responsabilités, un bon salaire et ma vie se résumait alors en trois mots : travail, travail et... travail ! Ça me convenait parfaitement, parce que j'ai toujours considéré que le travail bien fait, c'est la première noblesse. Question d'éducation. J'étais heureuse et je ne me voyais pas quitter la Brink's. Et puis un jour...

Et puis un jour, en septembre 2005, ma meilleure amie a cherché à divorcer. Une histoire tellement banale qu'elle ne mériterait pas une ligne si cet événement n'avait pas déterminé le reste de ma vie. Petites causes et grands effets : je me suis perdue et j'ai été violée, ma copine a divorcé et je suis entrée dans la police.

Elle était mariée à un macho 100 % pur jus, les testicules à la place du cerveau, qui n'était pas le genre d'homme à se laisser congédier par une femme sans faire une démonstration de sa mâle autorité, multipliant les menaces et les paires de claques. Jusqu'à ce qu'il cogne un peu plus fort que d'habitude, au point d'alerter les voisins qui ont prévenu le commissariat avant de m'appeler à la rescousse.

C'était un jour de fin d'hiver et le gyrophare de la voiture de police éclaboussait l'immeuble d'une jolie couleur, tantôt bleue, tantôt rouge. Sur le trottoir, deux agents repoussaient calmement les curieux : les distractions sont assez rares pour ne pas profiter d'un fait-divers. À l'étage, sur le palier, un officier parlementait avec le mari retranché dans l'appartement, armé d'un sabre et jurant qu'il était tout disposé à éplucher sa femme. Je ne sais pas ce qui, ce jour-là, m'a le plus impressionnée. La folie du forcené ou le calme du policier. Un type solide, un homme de sang-froid.

C'est la vie d'une femme qui se joue, tout simplement. L'officier parle d'une voix calme, pèse et détache chaque mot. À travers la porte, il s'adresse à l'homme comme on désamorce une bombe, avec une prudence millimétrique.

Enfin, la porte s'ouvre. Le policier entre. Un pas, un seul, avant de s'arrêter : l'homme est là, le sabre au bout du bras, la pointe à demi redressée, dangereux comme une vipère. Le policier parle : encore un pas. Et un autre. L'homme lâche son arme. Le policier le maîtrise, sans brutalité mais avec suffisamment de force pour le mettre hors d'état de nuire.

C'est ce jour-là que ma vocation est née, en assistant à toute cette scène. Je voulais être ce policier déterminé et courageux qui, sans violence, a désarmé un homme à bout de nerfs et sauvé la vie d'une femme. Il l'a fait naturellement, modestement même. Parce que c'est son boulot. Quel boulot ! Je voulais ressembler à ces cœurs d'élite qui, après une journée de travail, peuvent se dire une phrase aussi belle, aussi extraordinaire que : « Aujourd'hui, j'ai été utile. J'ai sauvé quelqu'un. » J'aimais cette idée de servir. Je trouvais qu'elle me correspondait bien. Et que l'uniforme de policier m'irait comme un costume taillé sur mesure. Je croyais encore que la vie était faite d'idéaux.

J'ai décidé de passer le concours d'adjoint de sécurité (ADS). Les ADS ont été créés en 1997, dans le cadre des emplois jeunes, pour répondre au besoin de développer la police de proximité et les missions de contact avec la population, notamment dans les zones sensibles. La plupart des adjoints sont d'ailleurs originaires de ces quartiers. Agents contractuels, ils sont engagés pour une période de cinq ans non renouvelable. C'est le bas de l'échelle de la police nationale, mais une évolution est possible : un ADS peut bénéficier d'une formation gratuite le préparant au concours de gardien de la paix, même si les postes en interne sont de plus en plus rares et de plus en plus difficiles d'accès. Il n'est pas exceptionnel de rencontrer de simples flics d'un niveau bac + 5.

L'examen n'est pas très compliqué. L'épreuve écrite consiste surtout à vérifier si le candidat est capable de s'exprimer et de maîtriser la langue écrite. En général, il s'agit de commenter une photographie représentant une scène de la vie quotidienne. Cette épreuve est une simple formalité.

L'oral, en revanche, dure une vingtaine de minutes devant un jury d'une douzaine de gradés chargés d'évaluer la motivation des candidats. Ils s'étonnent : titulaire d'un baccalauréat et d'un BTS, j'ai le niveau pour les concours des gardiens de la paix, et même pour celui des officiers. J'explique que j'ai bien l'intention de progresser et de ne pas m'en tenir à cette situation d'adjoint de sécurité. Je m'engageais pour faire carrière. À mon rythme, exactement comme cela avait été le cas à la Brink's.

Cet entretien se déroule quelques mois après les émeutes urbaines qui, à l'automne 2005, avaient enflammé la France. On me demande ce que je pense de ces violences. Quelle question ! J'en pense exactement ce que vous en pensez : je déteste l'ultraviolence, les petites frappes fortes avec les faibles. Je pourrais dire aussi – mais je préfère me taire – combien je déteste l'idée qu'on ait abandonné des quartiers entiers, pétrifiés dans la crasse et la misère, où les gamins qui y naissent grandissent avec la certitude qu'ils n'ont rien à attendre de l'avenir. Une génération entière est malade de sa propre histoire, de notre indifférence et de notre impuissance. Ces gosses, ces pauvres gosses, sont les déchets d'une civilisation qui les rejette. Alors, ils en inventent une autre, sauvage, brutale. Je pille, je casse, je cogne, je brûle, je tue, je meurs. Quel gâchis ! Je me demande parfois si quelques dealers auraient pu peut-être être avocat ou médecin s'ils avaient eu la chance et les moyens d'aller à l'école puis à l'université.

Cette civilisation est en marge, loin, très loin des cinémas, des restaurants, des boutiques, des écoles, et des belles avenues éclairées. Plus loin encore des consciences et des yeux. Mais ce n'est pas en cachant une plaie qu'on la soigne. Parfois elle déborde, comme si on avait ouvert les vannes, et se répand dans les beaux quartiers. Ça donne les émeutes.

Je pourrais ajouter que les caïds des banlieues ne sont qu'une minorité et que la très grande majorité des banlieusards sont victimes d'une réputation qui leur colle à la peau comme un vieux sparadrap. Ils sont pourtant comme nous. Comme vous. Avec les mêmes soucis, les mêmes besoins, les mêmes rêves, les mêmes fatigues.

Je pourrais dire tant d'autres choses encore sur ces deux mondes qui s'ignorent, se méprisent et se craignent. Ces deux mondes séparés par le périphérique et par une incompréhension abyssale vivent en parallèle. On juge l'autre en fonction de son adresse postale et d'une batterie de préjugés dévastateurs. Quand par exemple on grandit en Seine-Saint-Denis, on est forcément une brute, un dealer et un voyou. Une racaille. Beaucoup, à force de se l'entendre rabâcher, finissent par le croire. Et ça, c'est un vrai drame.

Je me tais, pourtant.

Et je réponds sagement aux autres questions. Est-ce que je suis prête à obéir aux ordres ? Oui. Prête à abandonner un statut de cadre pour celui de simple exécutante ? Oui. Prête à sacrifier mon salaire plutôt confortable pour celui d'ADS ? Oui.

Je suis reçue à l'examen. Le commissaire de la sécurité publique de Créteil et le responsable de la Police de l'air et des frontières (PAF) d'Orly discutent un instant de ma prochaine affectation, les deux souhaitant me voir intégrer leurs effectifs respectifs. C'est finalement le patron de la PAF qui emporte le morceau, c'est-à-dire moi.

« Je la connais, dit-il. Elle a une excellente connaissance du milieu aéroportuaire et est déjà habituée à travailler avec nous. Elle sera donc plus utile à la PAF. »

J'envoie ma démission au siège social de la Brink's, ma hiérarchie locale l'ayant refusée, et va pour la PAF !

Mais, au printemps 2006, il faut d'abord que je suive une formation de trois mois à l'École nationale de police, à Draveil, dans l'Essonne. L'établissement a été créé en 1995 et forme des adjoints de sécurité, des gardiens de la paix et des cadets de la police nationale. C'est une école très solennelle d'aspect : elle est installée dans l'ancien domaine des Bergeries, dont le bâtiment principal, celui qui accueille les salles de cours, est un château du XIXe siècle.

La formation des adjoints de sécurité est à la fois théorique (maintien de la paix, procédures pénales, droit pénal général et spécial, quelques éléments de droit administratif, dactylographie) mais aussi pratique (sports de combat et d'autodéfense, tir, entraînements sportifs divers dont épreuves d'endurance). Cela ne fera pas de nous des super-flics, mais tout de même : nos professeurs nous disent que nous aurons un trimestre, pas davantage, pour assimiler ce que les gardiens de la paix mettent un an à apprendre.

Pas de temps à perdre, donc, et une discipline militaire qui ne me déplaît pas. Réveil à 6 heures tous les matins. Lever des couleurs à l'heure indécise où la lumière hésite encore. *La Marseillaise* retentit et le drapeau, qu'il ne faut jamais tenir par la couleur rouge, s'élève lentement. C'est peut-être un peu ringard, mais je trouve cette cérémonie émouvante. Je l'accompagne à chaque fois par un double battement de cœur. Le premier pour *La Marseillaise*, l'autre pour nos trois couleurs.

De l'aube au crépuscule, on marche au pas. En avant, marche ! Gauche, droite, gauche, droite ! On croise un gradé : on s'arrête et on le salue. Et on repart : gauche, droite, gauche, droite ! Attention : une infraction au règlement, c'est un rapport défavorable et un avertissement.

Ma promotion est une bonne promotion. Tout le monde comprend que cette discipline martiale est indispensable. Dans quelques semaines, on nous donnera un uniforme et une arme qui nous donneront une autorité considérable. Un minimum de formation s'impose et personne ne conteste les ordres, même si on râle parfois un peu.

Et puis il y a les exercices pratiques où nous sommes mis dans la situation d'interpeller des suspects en flagrant délit. Celui-là, par exemple : nous devons arrêter des cambrioleurs. Les rôles sont définis. Les méchants d'un côté, les gentils de l'autre. Je suis une gentille. Un collègue reste dans la voiture et s'occupe des transmissions, tandis qu'un autre et moi avons pour mission de surprendre les voleurs. On avance sans faire plus de bruit que des fantômes. Me voilà nez à nez avec le « cambrioleur » armé d'un couteau ! Un cambrioleur taille XXL : 1,85 mètre, tout en muscles. J'essaie de le désarmer. Il esquive, surpris.

« Ben qu'est-ce que tu fais ? »

Je m'obstine. Feinte à gauche, feinte à droite, clef de bras.

« Mais arrête ! »

Encore une fois, mais dans l'autre sens : feinte à droite, feinte à gauche et prise à la jambe. J'y mets toute ma force et le cambrioleur va s'écrouler, c'est sûr.

« Ça suffit, maintenant... »

Il m'immobilise. Comme ça, sans effort. Sans me faire mal.

Bilan de l'exercice : je suis recalée. Et mes collègues avec moi car c'est une note commune. Je viens de violer la règle numéro un de la police, une règle inviolable, intangible et presque sacrée : un bon policier est un policier vivant. C'est-à-dire prudent. Au lieu d'affronter le cambrioleur toute seule, je devais fuir, le diable aux trousses, pour appeler des renforts. Cette règle, on nous la répétera encore et encore, chaque jour, semaine après semaine : « Vous devez être des flics responsables. Pas des héros à titre posthume ! Personne n'a envie d'épingler la Légion d'honneur sur un cercueil. ».

En guise de récompense pour mes « exploits », j'obtiendrai tout de même un surnom : « Wonder Woman ».

Les jours passent et confirment mon choix. Notre équipe d'élèves est soudée. Les instructeurs sont compétents et très humains. Je prends peu à peu conscience d'appartenir à un corps particulier où chacun est accepté pour ce qu'il est. Nous sommes des policiers. Hommes, femmes, petits, grands, Blancs, Noirs, musulmans ou chrétiens, nous sommes d'abord des policiers. Nous appartenons à la même famille. On s'entraide. Puisque j'ai une réputation d'intello auprès de mes camarades, j'essaie de la justifier en corrigeant les fautes d'orthographe dans les copies. Et deux garçons m'aident à améliorer mes tirs. Leurs conseils sont précieux mais insuffisants : je loupe la cible, il n'y a rien à faire. Alors je m'inscris à des cours privés dans un centre de tir. Mes performances deviennent acceptables, même si je sais définitivement que je ne serai jamais une tireuse d'élite.

Il faut pourtant croire que je ne me suis pas trop mal débrouillée pendant ces trois mois très intenses, puisque je finis, sur le plan national, major de la 59ᵉ promotion de police. Je suis celle qui a obtenu la meilleure note de comportement.

Arrive le grand jour et la cérémonie très solennelle de la remise des diplômes. Nos familles sont là, sagement alignées, fières de leur fille ou de leur fils. Parmi les visiteurs, j'aperçois également le responsable du personnel de la Police de l'air et des frontières d'Orly. Je sais déjà qu'il a réclamé mon affectation à son service.

Nous, les élèves, nous sommes rangés sur la place d'appel face au mât des couleurs, impeccables, figés au garde à vous, immobiles comme des soldats de plomb. *La Marseillaise* retentit. Puis, dans un silence sans ride, étal, le directeur de l'école s'approche d'un micro. Dans son discours, il dit qu'on peut être fiers de nous. On l'est. Il nous rappelle nos devoirs de policiers. Il félicite particulièrement les trois premiers et nous prédit une longue et belle carrière dans l'institution.

C'est tout ce que je demande : « une longue et belle carrière ».

Je vais être déçue.

Mais je ne le sais pas. Pas encore.

Le baptême du feu : dans la Police aux frontières

Le 1er septembre 2006, j'entre officiellement à la Police de l'air et des frontières d'Orly. L'aéroport, je connais : j'y ai travaillé des années comme employée de la Brink's. Le terrain m'est familier. L'hôtel de police, en revanche, je ne connaissais pas : un bâtiment de trois étages aux fenêtres teintées.

Un brigadier et un agent accueillent les nouvelles recrues. Parmi elles, j'en reconnais deux qui étaient avec moi à Draveil. Quelques mots de bienvenue, puis un rapide topo pour nous rappeler les missions essentielles de la PAF : contrôle des frontières, des flux migratoires, raccompagner aux avions les étrangers expulsés et lutter contre les fraudes documentaires et le travail clandestin. J'apprends par exemple que des entreprises employées sur des chantiers de l'aéroport emploient des clandestins. On nous demande également d'ouvrir l'œil sur les taxis. On raconte qu'on dénombrerait plus de 200 taxis clandestins rien que dans les aéroports et que plus de mille circuleraient dans Paris. Les « clandés », comme on les appelle, font de la retape aux portes de l'aérogare et embarquent les touristes naïfs ou pressés, pour le meilleur ou pour le pire. Il existe une brigade spécialisée dans la chasse à ces faux taxis. On appelle ces policiers « les Boers ». Et les Boers ne sont pas assez nombreux.

Ensuite, nous sommes présentés au contrôleur général, Alain Bianchi, et à tous les hauts responsables de la PAF, qui nous présentent l'ensemble de leur service. Nous passerons un jour dans chacun de ces services, histoire de se familiariser avec les multiples procédures et les différentes « spécialités » de la PAF. Puis nous aurons à remplir une fiche de vœux. Les vœux ne sont pas forcément exaucés, mais lorsqu'au bout d'une semaine je réclame le service immigration, je sais que j'ai de bonnes chances d'y être mutée : je suis parfaitement arabophone, à l'écrit comme à l'oral. Dans la police, dans un tel service, c'est un atout considérable. D'ailleurs, on me demande immédiatement de réaliser des traductions, ce qui économise au ministère de l'Intérieur le salaire d'un traducteur indépendant.

Mon souhait est réalisé et je suis affectée à la section 1 de la division immigration. Le directeur adjoint de la PAF de l'époque a tenu à me féliciter en improvisant une petite cérémonie. Devant l'ensemble de mes collègues, il me remet une nouvelle fois mon diplôme de l'école de police. C'est important pour moi. Cela me crédibilise auprès des anciens, ces flics chevronnés qui m'ont bien accueillie. Mais je sais leurs réserves. Je sais que certains d'entre eux auraient préféré qu'un homme soit à ma place. Flic, c'est un métier pour un homme, pas pour une jeune femme de 25 ans. Et puis je crois aussi que c'était la première fois qu'un major de promotion était affecté à la PAF. Et ça, ça flattait aussi le directeur adjoint. En tout cas, je n'étais pas peu fière, et j'avoue que je me poussais un peu du col !

J'ai choisi le service immigration pour être en contact avec les passagers. En dehors des vols nationaux, la plupart des avions sont en provenance ou à destination des pays d'Afrique, du Moyen-Orient ou des Dom-Tom. La lutte contre l'immigration clandestine est l'une des priorités de ce service. Les clandestins ont deux visages : celui qui parvient dans l'espace Schengen par ses propres moyens et celui qui a recours à une organisation structurée. Ces filières d'immigration clandestine, qui s'engraissent sur le fumier des guerres civiles, des famines et de l'extrême misère, sont organisées comme des mafias. La lutte contre ces réseaux mafieux, leur démantèlement, est le meilleur moyen de garder la maîtrise des flux migratoires. Le meilleur et le plus difficile. Les groupes criminels s'appuient, entre autres, sur le travail de faussaires surdoués capables de contrefaire le moindre document officiel : faux passeports, faux visas, fausses cartes de résident, faux titres de séjour ou faux laissez-passer... La détection de ces faux papiers, c'est ma spécialité. J'ai en effet suivi la formation dispensée par la brigade mobile d'immigration, une unité d'élite de la PAF qui, en quelques séances de quatre ou cinq heures, apprend aux policiers à distinguer les vrais papiers d'identité des faux. À ce petit jeu-là, je ne suis pas mauvaise du tout. Je suis même très bonne et je ne me sépare jamais de mon compte-fils (une espèce de loupe) et de ma petite lampe à rayons ultraviolets. La première grossit les traces microscopiques de grattage ou de coupure, par exemple. La deuxième est indispensable pour détecter les contrefaçons : certains codes de sécurité adoptés par les pays ne sont visibles qu'à la lumière ultraviolette.

Me voilà donc à l'arrivée des passagers. Je vérifie les passeports, les visas. Un œil sur le visage du voyageur, l'autre œil sur la photo. Un coup de tampon. Passeport, visage, photo, tampon. Parfois, une petite vérification rapide, histoire de s'assurer que tel ou tel passager un peu trop nerveux, un peu trop impatient, ne fait pas l'objet d'une fiche de recherche.

On me délivre également les petites combines, plus ou moins légales, qui font un bon policier aux frontières. Les trucs du métier. Les astuces, par exemple, qui permettent de remettre le plus rapidement possible un « INAD » dans le vol retour avant qu'il ait la mauvaise idée d'initier un recours judiciaire. INAD, c'est la contraction d'« individu non admis sur le territoire ». Des gens qui ne sont pas en règle et qui – c'est du moins le parti pris des fonctionnaires de la PAF – ne sont pas censés connaître le droit français. Ainsi, on ne parle pas de droit d'asile devant un INAD. Jamais. Qu'il soit palestinien, afghan, iranien, chinois, somalien, cubain, tout droit tombé de Mars ou de Saturne, l'INAD doit repartir. Et vite encore. Pas question donc de prononcer cette petite phrase de rien du tout, mais qui veut dire tellement de choses pour eux : « Vous pourriez bénéficier de l'asile politique, c'est un droit. » Un droit ! En y mettant le conditionnel, mais un droit tout de même. Il ne s'agit pas d'accueillir tout le monde, mais enfin, quand c'est l'asile ou la prison, l'asile ou l'oppression, l'asile ou la mort, n'est-ce pas le devoir des démocraties que d'accorder ce droit ? Même au compte-gouttes ? N'est-ce pas notre devoir de donner une chance de survie à celui, ou celle, qui échappe à l'enfer et arrive jusqu'à notre frontière ? Mais non. Du paradis, de ce qu'il croit être le paradis, il ne connaîtra que les lumières froides des néons de l'aéroport, le visage fermé d'un flic et la poigne d'un autre qui le raccompagne jusqu'à l'avion. C'est tout.

Je ne suis pas naïve. Je sais bien que la France, comme dirait l'autre, ne peut pas accueillir toute la misère du monde et que de très nombreux clandestins ne méritent pas l'asile politique. Je peux même vous dire que certains mentent sur leur nationalité d'origine en espérant ainsi obtenir l'autorisation d'entrer en France. Ceux-là ont mille et mille raisons de tenter leur chance. De bonnes raisons de leur point de vue, mais des raisons insuffisantes pour qu'on leur accorde le droit d'asile, quelle que soit la force de leur désespoir, et il en faut pour tenter « la traversée ». C'est normal. Mais les autres ? Ceux qui fuient leur pays un fusil sur les reins ?

INAD. Est-ce qu'il y a beaucoup de catégories d'être humains que l'on se contente de désigner par un sigle ?

Je ne crois pas. En tout cas, c'est plus facile d'expulser un INAD dont on ne sait rien qu'un homme dont on connaîtrait le nom et la vie. Je sais de quoi je parle. Je vais vous raconter.

Enfin bref, il ne viendrait pas à l'esprit d'un fonctionnaire de Police aux frontières d'informer un clandestin sur ses droits éventuels à l'asile politique. Il serait immédiatement sanctionné d'une façon ou d'une autre par sa hiérarchie et probablement mal vu de ses collègues : personne n'a envie de multiplier les procédures et les formulaires à remplir.

L'INAD n'est qu'un bâton. Un petit bâton de plus qui gonfle les statistiques de la politique de lutte contre l'immigration menée par les gouvernements successifs depuis des années. De gauche comme de droite. À la PAF comme ailleurs, on a le culte du résultat et l'obsession du chiffre. On finit par oublier que derrière chacun de ces petits bâtons qu'on aligne en colonnes serrées, il y a un homme, une femme. Ou un enfant. Tout est bon pour gonfler les chiffres, c'est-à-dire pour montrer qu'aux frontières, la police veille et que le ministre de l'Immigration peut dormir tranquille : l'invasion barbare est stoppée là, devant nos petites guérites d'Orly. Il faut bien avouer que l'administration nous aide. Cette circulaire, par exemple, du ministère de l'Immigration. Elle date de l'été 2008. C'est un modèle de monstruosité et de cynisme. Mais elle est efficace : grâce à elle, on aligne encore plus de bâtons. Des bâtons de la taille d'un enfant, mais qu'importe ! C'est le résultat qui compte.

Cette circulaire stipule que les parents français ou résidant en France se rendant dans un pays étranger hors espace Schengen doivent, à leur retour, montrer la pièce d'identité française de leurs enfants. Sans pièce d'identité, l'enfant, quel que soit son âge, devient un INAD. Un tout petit bâton de rien du tout, mais assez grand tout de même pour grossir ces satanées statistiques. Cette mesure est terrible. 80 % des parents français d'origine maghrébine ou résidant en France effectuent en général les démarches administratives pour leurs enfants seulement quand ceux-ci arrivent à l'âge de l'adolescence. Parce que c'est l'âge où on commence à avoir besoin de papiers, tout simplement.

Pour dire la vérité, les parents sont souvent informés avant leur départ de cette situation. On leur conseille de se rapprocher du consulat français à l'étranger afin que leur soit établi un laissez-passer attestant de l'identité de leurs enfants. Au moment des vacances scolaires, surtout l'été, les services consulaires sont débordés et n'arrivent pas à répondre à toutes les demandes, au point que le Quai d'Orsay s'est plaint à plusieurs reprises auprès du ministère de l'Immigration. En vain. Les dossiers s'entassent sur les bureaux, les jours passent, puis les semaines et les gamins finissent par rater la rentrée scolaire. Voilà le principal résultat de la directive de 2008. Une belle réussite, vraiment : des milliers d'enfants, souvent nés en France où ils sont scolarisés depuis toujours, loupent les premiers jours de la rentrée.

Je suis derrière mon guichet, dans ma guérite. Je veille sur la frontière. C'est mon premier jour. Uniforme impeccable. Dans la poche droite : mon compte-fils. Dans la gauche : ma petite lampe à rayons ultraviolets. Les passagers arrivent, et la file s'allonge, impatiente. Premiers passeports, premiers tampons. Tout va bien. Et puis cet homme qui me tend ses papiers avec une seconde d'hésitation, presque à contrecœur. Une seconde de trop. Il est maigre comme un clou, il a une trentaine d'années, peut-être un peu moins, et le regard inquiet, presque tourmenté. C'est bien lui sur la photo : même cheveux taillés court, même visage tout en os, le nez en figure de proue. Je le regarde, il baisse les yeux. Tout dans son attitude hurle qu'il n'a pas la conscience tranquille. Un tricheur ? Amateur, alors : il ne sait pas bluffer. Avec son allure de paysan, il ne ressemble pas à un homme dangereux. Mais son passeport ne résiste pas à l'examen du compte-fils : la photo originale a été décollée et remplacée par la sienne. Un travail grossier, mauvaise besogne de faussaire amateur. Je le regarde encore. Il a compris. Cette fois, il me fixe sans baisser les yeux, résigné. Il m'observe sans colère, avec tout juste un peu de curiosité : il veut savoir ce qui va se passer, ce qu'il risque. Il aimerait peut-être me parler, me dire pourquoi il est là, les bras ballants, avec un passeport si maladroitement falsifié. Me dire quelle urgence, quel drame ou quels rêves l'ont poussé jusqu'ici. Je ne veux pas connaître son histoire. Je veille sur la frontière. Je garde le pays. Et je baisse le regard.

Il est remis dans l'avion du retour une heure après son arrivée.

Je tape mon rapport. Je m'applique, c'est mon premier rapport. Mon premier bâton estampillé « INAD ». Très vite, la nouvelle fait le tour du service : « La petite nouvelle en a chopé un ! Dès son premier jour ! Et dire qu'il y en a qui travaillent ici depuis des années et qui n'ont encore rien vu ! Elle, c'est pas une passoire ! »

C'est mon heure de gloire. La commissaire de la division immigration, la numéro trois de la PAF d'Orly, me remet en mains propres une lettre de félicitations. C'est écrit en haut, en lettres majuscules soulignées : « Lettre de félicitations ». Alors oui, je suis flattée. Heureuse, même si je ne comprends pas tout ce tapage : après tout, je n'ai fait que mon boulot. J'ai gardé la frontière. J'ai rajouté un bâton à la liste des expulsés. Un bâton ! Un homme qui tentait de quitter son pays pour survivre et peut-être pour faire vivre sa famille. Un homme qui s'est arraché du village et des gens au milieu desquels il a toujours vécu, parce que cette vie-là, justement, lui devenait insupportable, que dans son bled rien d'autre ne poussait que les pierres et le désespoir, et qui s'est peut-être ruiné pour cela. Un bâton ! Il ne faut pas que j'y pense. Je garde la frontière. J'ai envie de pleurer.

Les jours passent. Des centaines, des milliers de visages défilent devant ma guérite. Un œil sur le voyageur, un autre sur sa photo. Tampon. Au suivant ! Les avions se posent les uns derrière les autres, en provenance d'Afrique, des Dom-Tom ou du Maghreb :

boubous multicolores, visages pâles, coups de soleil et djellabas. Le monde piétine devant moi. Tout se passe bien. Les incidents sont très rares.

Encore un vol en provenance du Maghreb. Peut-être d'Algérie, mais je n'en suis pas sûre. D'Algérie, du Maroc, de Tunisie ou d'ailleurs, quelle importance ? Les policiers, blasés, observent les passagers se presser dans les couloirs du contrôle aux frontières.

« Encore des bougnoules ! »

C'est une femme policier qui dit ça : « Encore des bougnoules ! » Elle est exaspérée de voir des « bougnoules » dans *son* aéroport. Elle n'en peut plus des « bougnoules ». J'imagine que pour les nègres, c'est pareil, mais là il se trouve que c'est une cargaison de « bougnoules » qui débarquent. Des « bougnoules » de toutes les tailles, de tous les âges, mâles et femelles. Tous ces « bougnoules », ça la dépasse, ma collègue. Ça la met en danger. En rage. Alors, elle dit : « Encore des bougnoules ! »

Elle a vomi cette phrase. Elle y a mis toute la haine, tout le dégoût qu'elle pouvait.

Un autre policier n'est pas d'accord. Il est même bouleversé par ce qu'il a entendu. Il est le seul à réagir, ce n'est pas beaucoup, mais c'est déjà ça de gagné sur le racisme. Ça suffit pour sauver l'honneur. Les deux policiers s'engueulent devant tout le monde, y compris les « bougnoules » qui, ignorant la raison de l'algarade, doivent se faire une drôle d'idée de la police française. S'ils savaient !

Un brigadier-chef est pris à témoin. Il hausse les épaules, agacé par tout ce tintamarre. Des sanctions ? Punir une fonctionnaire française pour cette phrase ? Pour des « bougnoules » ? Ah ! non, alors !

Le témoin d'origine turc, d'une trentaine d'années, rédige un rapport circonstancié qu'il transmet à sa hiérarchie, considérant au contraire que de tels propos sont inacceptables, surtout quand on porte un uniforme. Le rapport passe d'un bureau à l'autre, et c'est un beau remue-ménage. Les chefs se grattent la tête : que faut-il faire ? L'ambiance est tendue. Les policiers se divisent en trois groupes. D'un côté, ceux qui soutiennent la flic raciste et l'entourent de mille attentions. De l'autre, les antiracistes, pour la plupart d'origine antillaise, africaine ou maghrébine, serrent les rangs. Au milieu, les indécis, les timides, les prudents et les lâches qui n'osent pas se prononcer. Ceux-là oublient que ce qui nous laisse indifférent nous rend complice. La hiérarchie finit par prendre des mesures : la policière raciste est promue. Elle devient chef de poste, grillant la place à des collègues plus expérimentés que désormais elle commande. Elle organise l'emploi du temps de chacun dans les moindres détails : qui ouvrira les filtres passagers, qui les fermera, qui sera affecté aux escortes.

Un mot à propos des escortes. Il s'agit d'accompagner les personnalités politiques afin d'assurer leur sécurité dans l'enceinte aéroportuaire. Ce n'est pas une mission désagréable, d'autant qu'elle ne présente que très peu de risques et qu'elle est accomplie par des volontaires :

on protège plus volontiers quelqu'un qu'on respecte et qu'on apprécie. À ce petit jeu, Jean-Marie Le Pen arrive en tête : dès que le président du Front national s'apprête à prendre l'avion, les fonctionnaires se bousculent pour l'accompagner. Sauf les policiers d'origine afro-maghrébine, on s'en doute.

Dernier « point de détail » : le jeune policier qui avait rédigé le rapport pour dénoncer le racisme de sa collègue est devenu très rapidement la tête de Turc de ses chefs.

À ce moment-là, je n'attache pas encore beaucoup d'importance à ces événements. De temps en temps, une petite voix me dit qu'il y a décidément quelque chose de pourri dans la police, et que je devrais me méfier. Je ne la crois pas. J'appartiens à la police. Je suis un policier français. Il ne peut rien m'arriver. La police me défendra. Dans la salle de repos, il y a la Déclaration des droits de l'homme punaisée sur le mur. Alors quoi ? Ces quelques cons bouffis d'arrogance et pétris de haine, je les méprise. Oh, s'ils savaient comme je les méprise ! Mieux : je les ignore.

La mascotte de la PAF, jusqu'ici tout va bien...

Malgré les doutes et les tensions, je crois que je suis un bon flic. Vraiment. J'ai un collègue, rond comme une grosse pomme, qui a déjà quelques années d'expérience derrière lui. On s'entend bien. Je peux lui parler. En général, on papote à la pause-déjeuner ou après le service. On est alors habillés en civil. On a nos habitudes : d'abord, il fume une cigarette à l'extérieur jusqu'à tirer sur un mégot si court qu'il pourrait se brûler les doigts. Puis on s'assoit à la terrasse de l'un des bistrots qui alignent quelques tables près des comptoirs d'enregistrement. On regarde les voyageurs, leur billet à la main. Les valises qui s'entassent sur les caddies. Parfois, l'envie de voyager me brûle aussi la plante des pieds. Ça le fait sourire, mon collègue. Il est plutôt du genre sédentaire. Il est originaire de Lyon. On parle de tout et de rien et mon collègue a toujours une explication : « C'est la vie ! »

C'est lui qui me dit le premier que je suis un bon flic. Il le dit sans flagornerie, parce cela lui semble naturel et qu'il n'est pas du genre à offrir des mots comme on offre des fleurs. Ça lui fait plaisir que je sois un bon flic, et ça lui plaît de me le dire. Il sait l'importance des choses simples. C'est tout.

Si je parle de lui, c'est parce qu'un tel compliment venant de sa part m'a beaucoup plus touchée que le jour où j'ai appris que la Direction administrative de la police nationale (DAPN), auprès de qui l'école de police m'avait recommandée, a demandé à mes supérieurs de pouvoir m'utiliser.

La DAPN voudrait que j'anime un blog consacré au recrutement et valorisant les métiers de la police. Ma tâche serait donc de promouvoir la police en écrivant quelques articles bien sentis en m'appuyant sur mon expérience de jeune policière. Le blog « Police recrutement » a été créé en 2006 et, selon ses responsables, plus d'un million de visiteurs l'auraient déjà consulté en 2009. Cette proposition est flatteuse, pour moi bien sûr, mais aussi pour la PAF. Du coup, Alain Bianchi m'envoie une lettre manuscrite de félicitations. Bianchi, c'est le patron de la PAF d'Orly. Un personnage important. Une lettre de lui, c'est, je ne sais pas, comme une médaille peut-être. En tout cas, c'est comme ça que je la reçois.

Des officiers de la DAPN me donnent mon ordre de mission. Il est clair : je m'engage à rédiger au moins un article par mois et à répondre aux questions des internautes. Ça me plaît. Et ça me donne en plus l'impression d'appartenir vraiment à une famille. Je suis policier et la police me fait confiance.

De novembre 2006 à janvier 2007, je mets trois articles en ligne. Leurs titres à eux seuls suffisent à dire avec quel enthousiasme j'appréhende mon nouveau métier : « Un pied dans la maison », « Un accueil chaleureux », « Bonne année à toutes et à tous ». Aujourd'hui, avec le recul, ça me fait sourire. Un sourire un peu amer et très nostalgique : je regrette cette période où j'avais encore toutes mes illusions.

Ces articles suscitent 592 commentaires et sont vus, selon la DAPN, 12 131 fois.

Je ne sais pas quel a été leur impact sur les lecteurs. Mais je peux vous assurer que mes patrons les ont appréciés. Le préfet Joël Fily, patron de la DAPN à l'époque, m'a lui aussi adressé une lettre. Je vous remercie, disait ce courrier, « pour votre contribution active à cette action de recrutement ».

À ce rythme, c'est sûr, je serai générale dans six mois et ministre de l'Intérieur l'année prochaine !

En attendant, on me propose une nouvelle mission. Et pas n'importe laquelle ! En janvier 2007, je suis convoquée par l'un des commandants qui dirigent le service immigration de l'aéroport. Un bureau sans fantaisie, mais un accueil plutôt sympathique.

« Vous connaissez le nouveau logiciel BIODEV ?

– Oui, commandant. C'est lui qui aide au contrôle des personnes qui arrivent sur le territoire national.

– C'est ça. Je voudrais que vous assuriez la formation des personnels à ce logiciel. »

Silence.

« En fait, ce n'est pas vraiment une proposition que je vous fais. C'est plutôt un ordre. »

Je m'en doutais un peu. Mais pourquoi moi ? Le commandant répond que j'ai les compétences pour ce poste, qu'il n'a pas le temps de former quelqu'un d'autre, que je suis réceptive et que je comprends vite, que j'ai l'expérience de la sûreté aéroportuaire et que je connais sur le bout des doigts la technique des contrôles biométriques. Je comprends alors qu'en réalité ce poste vient d'être créé pour moi.

Le commandant se tait et regarde par la fenêtre un avion amorcer son approche avant l'atterrissage. Sur le fuselage, je reconnais les couleurs de Tunis Air. Un instant, l'appareil semble suspendu, immobile, puis il disparaît derrière les bâtiments qui nous cachent la piste. On ne le verra pas se poser. Je rigole intérieurement en pensant à cet avion et à ses passagers qui, dans quelques minutes, vont se précipiter dans le hall des arrivées : « Encore des bougnoules. » Est-ce que le commandant connaît l'incident ? Peut-être. Peut-être pas. Mais je veux croire qu'il le sait et que, mes compétences mises à part, ça lui fait plaisir de proposer ce job très valorisant à une « bougnoule ». Un pied de nez à la fliquette raciste.

Qu'est-ce que tu penses de ça, toi qui me détestes pour ce que je suis : le commandant me propose un boulot dont tu ne peux même pas rêver !

Je me fais peut-être des illusions. Il y a de fortes chances que tout cela n'effleure même pas l'officier supérieur, mais j'aime bien penser le contraire. Je trouve ça moral.

Toujours est-il que, quelles que soient ses motivations ou ses arrière-pensées, c'est quand même à moi qu'il propose ce travail. Et je vous assure que je suis loin de ressembler à une Alsacienne ! C'est bien la preuve que la police n'est pas raciste, non ?

Le commandant conclut : « De toute façon, je vous fais confiance et je ne proposerai ce poste à personne d'autre qu'à vous. »

Alors, qu'est-ce que je disais ?

Le logiciel BIODEV est un projet européen de stockage et de contrôle des données biométriques des demandeurs de visas. En clair, il est capable de lire et de reconnaître tous les types de documents : passeports à lecture optique ou biométrique, cartes d'identité, titres de séjour électroniques et visas. L'idée est née d'un constat simple : la très grande majorité des étrangers en situation irrégulière dans l'espace Schengen sont entrés régulièrement en Europe grâce, en particulier, à un visa de court séjour. À l'expiration de leur visa, ils se sont maintenus sur le territoire.

Ce constat avait conduit la commission d'enquête du Sénat sur l'immigration clandestine à inviter les membres de l'Union européenne à trouver une solution de contrôle des entrées et des sorties de l'espace Schengen. En gros, à vérifier la conformité de la durée du séjour effectif par rapport à la durée du séjour autorisée. Au-delà de la durée autorisée, on déclenche la recherche de l'étranger en situation irrégulière et on procède à ce que l'administration appelle, avec beaucoup de pudeur, son « éloignement ». On l'expulse. En théorie, du moins, parce qu'en réalité c'est une autre affaire ! Pour au moins trois raisons. D'abord, les étrangers faisant l'objet d'une obligation de quitter le territoire ne sont que très rarement interpellés. On ne peut tout de même pas mobiliser toute la police pour traquer quelques « crève-la-faim » ! Ensuite, les juridictions administratives et judiciaires annulent de très nombreuses décisions. Enfin, les États d'origine des étrangers en instance d'éloignement refusent de délivrer les laissez-passer consulaires nécessaires.

J'hésite cependant quelques jours avant d'accepter la proposition du commandant. Par prudence. D'une part, je sais que cela peut provoquer quelques jalousies à l'intérieur de mon service. D'autre part, je suis tout en bas de l'échelle de la police nationale. Je ne suis qu'une adjointe de sécurité. J'appartiens au petit peuple des fonctionnaires, que les policiers titulaires méprisent et toisent en se pinçant le nez. Un adjoint de sécurité, c'est un flic au rabais, une imitation dénoncée par les syndicats. Si j'accepte, il me faudra faire face à des officiers chevronnés pour leur expliquer la procédure de BIODEV. En d'autres termes, avec mes quelques semaines d'ancienneté, je vais devoir leur apprendre à se perfectionner !

Finalement, j'accepte. Une note de service signée du commandant et datée du 11 janvier 2007 est immédiatement mise en ligne. Elle informe l'ensemble des services de ma nouvelle affectation. Du coup, quelques dents grincent. Mais, dans l'ensemble, c'est plutôt bien accepté, même si plusieurs collègues regrettent que le poste n'ait pas fait l'objet d'un appel d'offres soumis à tous les fonctionnaires. D'autres, plus expérimentés et sans doute plus légitimes que moi pour cette mission, auraient pu faire acte de candidature. Je comprends ces réserves.

Mes « élèves » ? Tous les policiers de l'immigration. Les sans-grade et les galonnés, tous suivent mes cours, y compris les patrons de la PAF ! Et les plus hauts gradés sont en général des élèves studieux et attentifs.

J'effectue aussi des missions dans les écoles de police. Je forme les futures recrues à l'utilisation des nouvelles technologies. J'adore ça et je le fais comme je fais tout ce qui me plaît : à fond, sans tricher, de toutes mes forces. Cela se sait si bien qu'Alain Bianchi, le directeur de la PAF, m'envoie une... nouvelle lettre de satisfaction !

On me fait tellement confiance que je suis régulièrement convoquée aux réunions des grands chefs. Moi, la petite adjointe de sécurité, je m'assois autour de la même table que mes patrons, je partage leurs secrets, grands et petits. Je sais tout ce qui se passe dans la PAF. Des ragots sans importance jusqu'aux notations des fonctionnaires. C'est aussi la première fois que je comprends réellement dans quelle situation dramatique se retrouvent les INAD, broyés puis rejetés par notre machine administrative. Certains gradés en parlent avec beaucoup d'humanité. D'autres, au contraire, en parlent comme on parle de colis qu'il faut, coûte que coûte, charger dans le premier avion. Du fret. Des bâtons. C'est là aussi, dans ces réunions, que je saisis la formidable importance des statistiques, la force du chiffre. Ces résultats qu'on manipule, qu'on tripatouille, qu'on tord dans tous les sens, que les politiques et les médias se disputent avec plus de passion que de raison.

Je suis devenue un rouage de toute cette machinerie. Un rouage parfaitement huilé, efficace et performant. Une si bonne professionnelle que c'est moi qu'on désigne pour présenter la dernière génération des matériels utilisés par la PAF au salon Milipol. Ce que je fais pour deux visiteurs de marque : Michèle Alliot-Marie, alors ministre de l'Intérieur, et Frédéric Péchenard, le directeur général de la police nationale. Le lendemain, *Le Monde* publie une photo pour illustrer un article sur le Milipol : la petite adjointe de sécurité qui serre la main de la ministre, c'est moi ! Ma mère a découpé l'article. Moi aussi, d'ailleurs.

Et, quelques jours plus tard, je reçois la désormais habituelle lettre de félicitations. Celle-là est signée du numéro deux de la PAF : « Désignée par votre hiérarchie pour représenter le service en qualité d'utilisateur du système BIODEV, vous avez été digne de la confiance qui vous a été accordée en faisant preuve d'un grand professionnalisme et d'un comportement irréprochable. Votre implication et votre disponibilité, lors des démonstrations, ont été des facteurs de réussite de l'animation du stand. Je tiens à vous exprimer toutes mes félicitations pour votre attitude qui mérite d'être citée en exemple. »

« Digne de confiance », « comportement irréprochable », « disponibilité ». Des mots qui me touchent. Qui montrent à quel point je suis bien intégrée dans la police. Je m'y sens bien. J'aime mon métier. J'aime la police et la police m'aime.

Je n'avais pas encore assez d'expérience.

Premières alertes.
Le désenchantement

Il y a pourtant un petit je-ne-sais-quoi qui me gêne. Quelque chose qui prend de plus en plus d'ampleur et qui m'empêche d'être pleinement heureuse. Au début, je n'y accordais pas d'importance. Peut-être par lâcheté. Ou par timidité. Peut-être aussi parce que je n'avais jamais été confrontée au racisme. Je veux dire personnellement confrontée au racisme. J'en avais une connaissance théorique, mais je n'en avais jamais souffert, comme je n'ai jamais souffert de grippe espagnole ou de la gale. Je n'ai jamais eu l'impression d'appartenir à une catégorie d'êtres humains inférieurs. Jamais, dans mon enfance, pendant ma scolarité ou à l'âge adulte, on m'a insultée ou détestée pour ce que je suis : une Française d'origine maghrébine. Je ne me suis d'ailleurs jamais posé de questions. Je suis française. Un point, c'est tout.

Ma famille ne vient pas du Jura ou des Vosges, ni de Marseille ou de Perpignan. Ses origines sont du côté de Monastir, en Tunisie, là où le soleil brûle tout ce qu'il touche. Les gens n'y ont pas grand-chose, c'est peut-être ça qui leur a appris le sens de la générosité. Il y a beaucoup de paysans dans cette région : ils grattent une terre épuisée par le soleil. La nuit, le ciel est tout fleuri d'étoiles, un vrai ciel de gala. J'aime cette région. J'aime la Tunisie. Je l'aime de la même façon que les Français d'origine italienne, polonaise, espagnole, russe, aiment l'Italie, la Pologne, l'Espagne ou la Russie. Avec un brin de nostalgie, un peu de mélancolie. Chaque année, je passe une bonne partie de mes congés en Tunisie. J'y vois quelques membres de ma famille, et pour le reste je me comporte exactement comme n'importe quelle autre touriste française. Plage, soleil, shopping. Dans les boutiques, je négocie les prix. Parfois, je participe à une excursion dans le désert et j'en reviens, comme tout le monde, impressionnée par ces hectares de silence. Même si la nuit, dans le désert, on se sent des tympans neufs : on devine une agitation secrète. Ça grattouille dans les dunes, ça frissonne, rampe, souffle. Des bestioles se cherchent, se chassent, se trouvent et s'étripent jusqu'à la surprise de l'aube.

Et puis je rentre à Paris, avec mes souvenirs et mes coups de soleil.

Donc, je n'ai jamais été victime du racisme, aussi loin que je m'en souvienne. Pour la première fois, à Orly, on me fait sentir que je suis différente. Ça me révolte, mais je ne sais pas comment réagir, d'autant que mes supérieurs n'attachent pas la moindre importance aux dérapages, de plus en plus fréquents. En toute impunité, on rebaptise les Arabes. On parle de « melons », de « crouilles », de « couscous », de « bicots », de « bougnoules » ou, pour faire plus vite, de « bougnes ». Pour les Noirs africains, le vocabulaire est moins large : ce sont des « nègres » ou des « bamboulas ».

Ce sont les mots de tous les jours. Le langage courant de la PAF. On pose sa casquette sur la tête et on dit le plus naturellement du monde : « Je vais contrôler les bougnes » ou « Tiens, voilà encore un avion de nègres » !

En silence, on plaint les collègues derrière leur guérite quand les passagers se pressent à l'arrivée. On compatit. Tous ces « bougnoules » et tous ces « bamboulas » d'un seul coup, qui grouillent, sûrs de leur bon droit, et qu'on va devoir laisser passer quand même, c'est dur !

Ma présence, évidemment, ne change rien. À aucun moment, l'idée qu'un tel langage puisse me blesser ne traverse l'esprit de quelques collègues. Je n'ai jamais su pourquoi. Est-ce parce qu'à leurs yeux je ne suis qu'une Arabe, c'est-à-dire une chose qui respire mais qui ne mérite pas plus de considération que, je ne sais pas, un rat, par exemple ? Ou est-ce parce que mon uniforme gomme ce que je suis réellement ? Cela reviendrait à dire que ceux qui, comme moi, portent cet uniforme acceptent non seulement ce vocabulaire, mais en ont fait le leur. Un vocabulaire professionnel, en quelque sorte, et ça, je ne peux pas le croire. Pas encore.

Chacun de ces mots me blesse, me transperce. Je regarde ceux qui les utilisent : il y a les racistes convaincus, forts en gueule et militants, bouffis d'une haine recuite, atavique et viscérale. Ceux-là, je les connais : ils m'évitent autant que faire se peut. Il y a les racistes de circonstance. Le groupe est raciste, ils le sont aussi, sans se poser de questions. Et puis il y a les autres, qui parlent des « bougnoules » naturellement, mais qui seraient bien étonnés si je leur disais qu'ils sont racistes. Ils le sont sans le savoir. C'est grave. Je ne veux pas généraliser. J'espère simplement que ce racisme inconscient, accepté et impuni ne trahit pas les sentiments profonds de notre société. Je m'interroge, pourtant. Et j'ai peur de la réponse. Car lorsqu'en septembre 2009, même si, selon lui, il plaisantait, Brice Hortefeux, ministre de l'Intérieur, dit, à propos des Maghrébins, que « Quand il y en a un, ça va. C'est quand il y en a beaucoup qu'il y a des problèmes », est-ce qu'il dit quelque chose de très différent que le « Encore des bougnoules ! » d'un simple flic de la PAF ? Si un ministre de la République dit ça publiquement, comment exiger qu'à l'échelon le plus bas de son ministère on pense ou on dise le contraire ? Les Arabes créent des problèmes. Pas les voyous arabes, non. Les Arabes, tout simplement. Les mots du ministre sont moins verts et plus fleuris, mais cette condescendance, cet humour méprisant ont fait des ravages. Un policier, imbécile, grossier et raciste, c'est tellement caricatural que cela est presque sans effet. Mais un ministre !...

En étant affectée à la biométrie, j'ai intégré le bureau des commandants d'aérogare. Ces hauts gradés font partie de la direction de la Police aux frontières, et je suis chaque jour en contact direct avec eux. Mon bureau est à côté de celui du secrétariat frontière de la division immigration. Ici, il n'y a pas vraiment de flics de terrain, mais plutôt des administratifs. Je m'attendais à une ambiance feutrée, au silence des états-majors, propice à la réflexion et aux décisions.

Le « secrétariat frontière » est dirigé par une femme brigadier-chef d'une quarantaine d'années, tout en longueur et en os. C'est une blonde au regard triste, au teint de suaire et à la silhouette voûtée. Une femme de peu de mots qui ne prend même pas la peine de saluer ses subordonnés qui, lorsqu'ils la croisent dans les couloirs, se plaquent contre les murs, alignés comme pour un tir de fête foraine, priant le ciel de les rendre transparents. Elle passe, digne et fermée. Indifférente.

Ses supérieurs l'apprécient. Elle est efficace et, quand elle est absente, le service s'en ressent. Elle tient ses troupes d'une main de fer. Ses compétences professionnelles font l'unanimité et, si ce n'était pas le cas, personne n'oserait le dire : elle terrorise son service. Ses coups de gueule sont légendaires. Elle est imprévisible et vindicative. On la craint et on l'isole. Son compagnon, lui-même policier, a demandé et obtenu sa mutation à Orly pour être auprès d'elle. Sans lui, elle serait seule. En dehors de ses colères, qui résonnent d'un bout à l'autre du service, elle multiplie également les brimades. Un exemple. Un seul. Un gardien de la paix placé sous ses ordres a témoigné par écrit des vexations quotidiennes qu'il vivait et des abus de pouvoir qu'il était obligé de supporter : « [...] il était convenu d'un commun accord d'un arrangement au niveau des horaires de travail et des congés entre l'ensemble des fonctionnaires. En réalité, le brigadier-chef s'octroyait systématiquement les horaires qui lui convenaient, même si les plages horaires restant à couvrir ne nous arrangeaient pas. Il fallait faire avec, puisqu'elle était chef et nous simples gardiens de la paix. »

Ces quelques phrases ne sont pas anodines. À la PAF, la tradition veut que la situation familiale prime sur le grade pour les horaires et les congés. On s'arrange entre nous pour, par exemple, que les parents puissent accompagner les gamins à l'école ou aller les chercher à la sortie des classes. Pour les vacances, on se débrouille pour que les congés scolaires soient prioritairement choisis par ceux qui ont des enfants scolarisés. La brigadier-chef balayait cette tradition d'un revers de la main, indifférente aux dégâts que cela pouvait provoquer dans les familles. Voici un autre extrait du rapport précédemment cité : « Il en va de même pour les congés, celle-ci se permettait de nous téléphoner pendant nos congés pour nous dire que nos prochaines vacances, nous ne les aurions pas, puisque c'était elle qui les prenait » !

On est loin du chef irréprochable qui donne l'exemple. Elle se sert. Les restes aux autres ! On ferme sa gueule. On subit. Silence ! Protester ? Auprès de qui ? Pas un murmure ne s'élève. Un con avec des galons, même de minuscules galons de brigadier-chef, c'est méchant. Alors on se méfie. On s'écrase. Même lorsque les abus d'autorité remettent en cause les perspectives d'avancement. Le gardien de la paix continue sa déclaration : « Le plus frappant pour moi a été lorsqu'un télex est tombé pour passer l'examen d'officier de police judiciaire. Comme le brigadier-chef souhaitait le passer également, elle m'a fait savoir que cela ne servait à rien que je m'inscrive... J'ai établi mon rapport pour passer l'examen avant de partir en vacances. À mon retour, je me suis aperçu que mon rapport avait ou disparu ou avait été détruit durant mon absence. »

Je voisine avec le dragon. Je l'entends rugir. Je la vois agir. J'assiste à ses colères de petit chef capricieux, au harcèlement quotidien exercé contre ses subordonnés. Un comportement tellement mesquin qu'il ne mériterait pas une ligne s'il n'y avait pas Nadia.

Nadia S., une adjointe de sécurité, comme moi, et à peu près du même âge. Elle a 26 ans. Une jolie brunette que les hommes suivent du regard et saluent d'un silence admiratif quand elle passe devant eux. C'est une fille plutôt discrète, presque effacée, mais compétente et volontaire. Une bosseuse, toujours prête à rendre service ou à remplacer un collègue absent.

Mais, aux yeux de sa responsable, la brigadier-chef du secrétariat frontière, la jolie Nadia est coupable d'un crime terrible : elle est homosexuelle. Pire encore : elle est pacsée ! Avec qui ? La brigadier-chef Ève C. ! Une policière de la PAF d'Orly, sacré bon sang ! C'est un peu trop pour le dragon, qui fulmine : « Je ne veux pas d'une gouine dans mon bureau ! »

Elle hurle ça de toutes ses forces. Bureau interdit aux gouines ! Et aux Arabes ? Je ne sais pas. Le dragon n'aime pas les gouines, c'est sûr. Le délit d'homosexualité n'existe plus depuis que le Parlement, à la demande de Robert Badinter, l'a fait supprimer mais elle, elle fait de la résistance. À elle toute seule, elle sauve le pays du vice et de la luxure. Le plus souvent, Nadia reste impassible. Elle laisse passer l'orage, la tête dans les épaules, la mâchoire serrée, stoïque. Mais le dragon s'acharne à la détruire, d'autant que Nadia a été mutée dans son service sans qu'elle ait été consultée. Circonstance aggravante : c'est une autre femme, une gradée, qui a participé au processus d'affectation. Or, cette gradée est elle-même homosexuelle. Un complot de gouines ! C'est du moins ce que disent les ragots. Du coup, les attaques contre Nadia redoublent de violence. La rumeur assassine se répand, comme une longue langue maladive, dans tout le service. Nadia est une « salope ». Elle couche avec une supérieure. Elle couche avec une brigadier-chef et c'est en tortillant du derrière qu'elle trace son chemin. Nadia forme un couple à trois, avec deux de ses supérieures. Nadia est insultée à longueur de journée, du matin jusqu'au soir. C'est long. Mais elle ne craque pas. C'est une sacrée petite bonne femme, solide et courageuse. Elle tient, même quand elle devine qu'on a « perquisitionné » dans ses affaires personnelles, qu'on a retourné son sac et son portefeuille. Mais le dragon se déchaîne une nouvelle fois. Elle affirme, toute honte bue, qu'elle a vu des photos très compromettantes. Le dragon suinte la haine de tous ses pores. Elle vomit sa bile. Elle crache des flammes. Elle en fait trop. Avertie, la hiérarchie demande à Nadia de prendre sur elle et de temporiser. Au dragon, on ne dit rien. Pas un mot, pas d'avertissement, rien. On demande à une gamine de 26 ans de supporter en silence l'extraordinaire harcèlement moral qu'exerce sur elle sa supérieure hiérarchique ! Le sentiment d'injustice est tel qu'un sous-brigadier se révolte et, rompant la loi du silence, proteste en dénonçant par écrit, dans un rapport daté du 17 avril 2008, les vexations subies par Nadia. Un type courageux : « [...] dès son arrivée au service, Nadia a été mal reçue. À aucun moment, le brigadier-chef n'a essayé d'intégrer et d'accepter la valeur de son travail. Le brigadier-chef tenait des propos homophobes envers l'ADS et sa compagne, mais également envers la femme de la hiérarchie. À la demande de la hiérarchie, j'ai dû intervenir auprès du brigadier-chef afin de tempérer et de calmer le jeu concernant les propos et réflexions homophobes. J'ai accepté d'être médiateur afin que l'ambiance soit meilleure... Nadia S. était dans un état psychologique déplorable, mais à aucun moment son travail n'était négligé ou bâclé. »

Elle bosse, la petite Nadia. Elle s'accroche. Mais on voit bien, nous, les efforts qu'elle fait. Elle se fane, elle se recroqueville sous les injures qui la détruisent peu à peu. Elle ne sourit plus. Et l'autre qui s'acharne.

« Je ne veux pas d'une gouine dans mon service. »

Ève, la compagne de Nadia, assume son homosexualité qu'elle affiche sans ostentation, mais sans complexe. Elle n'en rajoute pas, parce qu'elle sait qu'assumer sa sexualité, c'est déjà la revendiquer, surtout dans un milieu aussi machiste que la police. Blonde et élancée, c'est une femme d'une quarantaine d'années, assez jolie et très bonne professionnelle. Pas le genre à se laisser impressionner par un dragon. Elle écrit un rapport à ses supérieurs pour dénoncer l'acharnement dont est victime Nadia. Il reste sans suite. Elle en rédige un autre, et puis un autre encore. Avec pour seul résultat, aussi incroyable que cela puisse paraître, qu'elle devient à son tour la cible de brimades ! Madame « Je-ne-veux-pas-de-gouines dans mon bureau » triomphe et elle gagne ce deuxième surnom.

À bout, Nadia se plaint à cette supérieure. Elle l'écoute et répond : « Cela ne m'empêchera pas de dormir ! Démerde-toi. J'espère simplement que tu n'as pas ma photo dans ton portefeuille et que tu ne m'impliqueras pas dans toute cette histoire. »

Au bout du rouleau, lessivée, la jeune adjointe de sécurité est mise en arrêt maladie. On lui avait conseillé de se faire arrêter pour dépression, le temps que toute cette affaire se tasse. Mais dans la police, quand un fonctionnaire est arrêté pour dépression, c'est inscrit en lettres indélébiles dans son dossier. Une trace ineffaçable, parce qu'un dépressif est un être potentiellement dangereux pour lui ou pour les autres. Pas question donc qu'on lui redonne une arme de service à son retour.

Son arrêt est d'un mois et demi. Pendant ces quarante jours, elle écrit un rapport à la direction de la Police aux frontières. Elle en pèse chaque mot, réfléchit à ses conséquences, le déchire et recommence. Daté du 14 mars 2007, il est finalement adressé au grand patron, Alain Bianchi.

« Je suis rentrée dans la police avec une haute opinion de cette institution, dans un but d'y faire carrière, et je m'aperçois aujourd'hui que l'on juge les gens sur leur sexualité et qu'on adopte un comportement envers les personnes selon leur différence. J'ai peur aujourd'hui que cette histoire dont je suis la victime porte préjudice à ma carrière et de ne plus pouvoir passer un concours dans la police, parce que j'aurais été désignée du doigt pour avoir dénoncé ces faits. »

Tout y est : l'homophobie, le harcèlement, l'omerta qu'il ne faut pas briser, les représailles, la carrière bloquée. Pauvre Nadia !

À son retour, elle est mutée à la section opérationnelle de sûreté. La « Sos-Dos », comme on dit dans le jargon policier, a pour mission de s'assurer que toutes les règles de sécurité sont bien respectées par les compagnies sous-traitantes des Aéroports de Paris (ADP). À peu près à la même époque, Ève C. est elle aussi affectée à un autre service. Jusque-là, elle travaillait au Groupe d'analyse et de suivi des affaires d'immigration (GASAI).

Le GASAI a la réputation d'être un groupe d'élite : les fonctionnaires y sont triés sur le volet et seuls les meilleurs y ont leur place. Sa mission principale est le traitement juridique des dossiers des personnes retenues en zone d'attente. Un travail particulièrement sensible qui pardonne difficilement les erreurs. Malgré les quelques libertés prises avec la loi, dont j'ai déjà parlé, la France est un pays de droits et les policiers sont chargés de faire respecter ces droits : on accepte très difficilement les étrangers sur notre territoire, mais on ne les vire pas non plus comme ça, avec un coup de pied au derrière. Le laxisme est sanctionné et les abus, s'ils sont répétés, peuvent provoquer de véritables scandales dans l'opinion publique. Ève, dont la carrière est exemplaire, devait bientôt remplacer la chef du GASAI dont le départ à la retraite était imminent.

Las ! Elle se retrouve cloîtrée dans un local de 4 m^2 qui pue le tabac froid, éclairé par une lampe trop blanche. Son nouveau boulot ? La comptabilité des visas de régularisation. Les étrangers dont la date d'autorisation de séjour sur le territoire français est dépassée doivent acheter un visa de régularisation. Il coûte 198 euros. Alors, Ève additionne. 198 + 198 + 198 + 198... Un travail abrutissant pour lequel elle est surqualifiée. Du gâchis pour elle et l'administration qui l'emploie. Mais qui s'en soucie ? La gouine devait se taire. Elle a parlé. Elle compte. 198 + 198 + 198... Ça lui apprendra.

Ce n'est pas tout. Pour que l'humiliation soit complète, la brigadier-chef homophobe, celle qui ne veut pas de gouines dans son bureau, est promue. C'est elle qui devient la patronne du GASAI, à la place d'Ève qui croupit dans son réduit pourri à aligner les additions. 198 + 198 + 198...

C'est comme ça à la PAF d'Orly : on n'aime pas les « bougnoules », « les nègres », « les pédés » ni « les gouines ». C'est même conseillé de les détester. Ça facilite et accélère les promotions.

L'acharnement n'a pas de limite. Les sales coups pleuvent de tous les côtés. Avant qu'elle ait l'extravagante idée de se plaindre d'un acharnement homophobe, Ève était une fonctionnaire particulièrement bien notée. En 2006, avant toute cette affaire, son dossier est excellent. Elle obtient une note de 6 sur 7 et quelques commentaires élogieux. On la juge apte à « une fonction plus importante », c'est-à-dire à prendre davantage de responsabilités. En 2007, après la plainte, la note est aussi bonne – 6 –, mais les appréciations le sont nettement moins. En 2008, après une plainte à l'IGS pour homophobie, une dépression et le licenciement de sa compagne, Ève reçoit sa notation. Première surprise : elle est signée par Alain Bianchi. Le grand patron de la PAF a signé le dossier d'une simple brigadier-chef. C'est sans doute une première. Deuxième surprise : sa note tombe à 5. C'est une mise à mort. La gouine estampillée emmerdeuse est torpillée, puis coulée par les appréciations. « Apte à des fonctions supérieures : NON. Changement d'orientation souhaitable : OUI. »

Pour Nadia, les choses ne s'arrangent pas non plus. Après quelques mois d'accalmie, elle est convoquée par le nouveau commandant.

« Vous ne pouvez pas rester à la Sos-Dos. Ce n'est pas la place d'une simple adjointe de sécurité. »

Que cette adjointe de sécurité fasse l'affaire, qu'elle donne satisfaction là où elle est, ça ne lui effleure pas l'esprit. Elle est virée de son poste, mais personne ne songe à lui donner une autre mission. Rien. La voilà à traîner son ennui dans les couloirs. Rien à faire. Une présence inutile. Les heures passent, les jours et les semaines : du temps perdu. Des cailloux jetés au fond d'un puits. C'est bien davantage qu'une mise à l'écart : c'est une mise à l'épreuve. Alors il n'y a plus qu'une seule question : combien de temps, combien de temps avant qu'elle ne craque, qu'elle ne s'effondre, brisée, ravagée ?

Nadia et Ève tentent une dernière manœuvre. Elles sont reçues par Alain Bianchi devant lequel elles déballent tout. L'homophobie, les insultes, les vexations, le harcèlement. Quoi d'autre ? L'ostracisme, la bêtise, le gâchis, la violence, l'extrême violence de cette situation. Bianchi est agacé. Glacial. L'homophobie n'existe pas dans la police et encore moins dans les services qu'il dirige. Il s'emporte et menace la jeune adjointe de sécurité : elle sera licenciée si elle a l'extravagante idée de se mettre en congé maladie. C'est tout ? Pas encore. L'adjointe de Bianchi, la numéro deux de la PAF, lui fait savoir que le directeur s'opposera à ce qu'elle passe le concours de gardien de la paix. C'est le coup de grâce : après sa période non renouvelable de cinq ans en tant qu'adjointe de sécurité, Nadia S. sera mise à la porte de la police.

Nadia craque. Ève craque. Elles craquent toutes les deux, à bout de nerfs, et toutes les deux sont arrêtées pour dépression. Deux policières ont été poussées aux limites de la résistance morale, pour le seul motif qu'elles sont homosexuelles.

Dès les premiers jours de son congé maladie, Nadia est convoquée à la préfecture pour un contrôle médical. Le médecin ne perd pas de temps.

« Démissionnez ! Foutez le camp ! Plus personne ne veut de vous à Orly. »

Il crie.

« Dégagez ! Vous êtes lamentable et vous n'empêcherez pas votre amie de se suicider ! »

Il hurle.

« Et vous n'avez même pas d'ordonnance, c'est lamentable. Vous vous arrêtez sans motif valable, c'est un abus ! »

Il se calme, le temps que Nadia compte jusqu'à dix. Puis, d'une voix contenue, il siffle comme une vipère.

« Heureusement que tout le monde n'est pas comme vous. Il y a des gens dont les conjoints souffrent du cancer et qui ne se plaignent pas. Alors, j'appelle votre médecin, et vous allez reprendre votre boulot. La comédie, ça suffit comme ça ! »

Pour Nadia, qui doit immédiatement reprendre son travail, c'est la descente aux enfers. Elle est interdite de voie publique pendant un an. Aucune tâche ne lui est confiée. Dans les couloirs, on lui tourne le dos, comme si elle était contagieuse. Elle ne voit plus que des nuques et des épaules, des échines tremblantes et inquiètes. Le dragon parfois la convoque et éructe quelques insultes blessantes comme une volée de chevrotines.

Nouvel arrêt de travail. Nouvelle dépression. Nouveau contrôle médical. Nouvelle mutation : elle est envoyée loin, très loin de chez elle, à Créteil. Il lui faut, chaque matin, passer plus de deux heures dans les transports pour s'y rendre. La même chose le soir, après une journée de travail dans des conditions morales épouvantables. Avec une obstination hargneuse de roquet, la PAF multiplie les courriers adressés au préfet pour exposer sa version de « l'affaire Nadia ». Résultat : la jeune femme est licenciée pour cause médicale ! La lesbienne n'appartient plus à la police. Cela a mis deux ans, mais la gouine est rayée des effectifs, jetée dehors comme une malpropre. Quelle injustice.

Elle décide de porter plainte à l'IGS, soutenue par Flag, une association de policiers et gendarmes gays et lesbiens, ainsi que par le syndicat Unsa-Police, qui saisissent le préfet du Val-de-Marne. Pour rien.

Dans un bureau, un policier écoute Nadia sans l'interrompre. Mais, lorsqu'il comprend l'objet de la plainte et entend le nom des personnes visées, il n'allume même pas son ordinateur, il la raccompagne gentiment à la porte. L'IGS refuse d'enregistrer la plainte de Nadia ! Ève, sa compagne, intervient. Elle ne cède pas. Pas le genre à se laisser impressionner par le mutisme et l'indifférence de bureaucrates. Elle tempête, elle argumente, elle insiste :

elle veut déposer une plainte. Non, elle ne sortira pas de ce bureau tant qu'on ne l'aura pas entendue. Ces lèche-cul qui considèrent qu'ils n'ont pas de temps à perdre avec une lesbienne ne l'impressionnent pas. Est-ce qu'ils pensent vraiment qu'elle est du genre à laisser étouffer l'affaire ? Quelle erreur ! En dépit des obstacles et d'une mauvaise volonté contagieuse et galopante, la procédure est lancée grâce à la plainte d'Ève. Il lui faut maintenant rassembler des témoignages, constituer un dossier aussi solide que le pavé qu'elle entend bien lancer dans le marigot. Ou, mieux encore, à la face de tous ces machos à la con persuadés que le monde s'arrêtera de tourner si les femmes ne les grattent pas là où ça les démange.

C'est comme ça que j'ai rencontré Ève. Je veux dire que j'ai pris le temps de faire sa connaissance. Avant, je la croisais dans le service. Bonjour-bonjour, deux ou trois mots échangés à la va-vite, rien de plus. Je connais davantage Nadia, parce que, partageant le bureau des commandants de l'aérogare, j'avais été plusieurs fois témoin du harcèlement homophobe dont elle était victime. Je me souviens de son silence, ce silence qui pèse des tonnes et qu'elle opposait aux insultes. Je l'admirais pour ça, pour ce mur de silence derrière lequel elle se réfugiait et contre lequel la haine se fracassait en mille morceaux, mille insultes. Je la plaignais aussi, parce que parfois les injures ouvraient une brèche dans son mur. Sa dignité muette n'était plus qu'une apparence, une illusion fragile et branlante qu'un mot de plus, un mot de trop, pouvait détruire. Dans ces cas-là, elle posait ses yeux sur moi, comme si je pouvais faire quelque chose. Mais je n'étais qu'une adjointe de sécurité, je ne pouvais pas intervenir. Je n'avais aucun poids. La preuve : j'étais tellement transparente, tellement insignifiante que les gradés s'acharnaient sur Nadia en ma présence. Ma parole n'avait aucun poids. C'est du moins ce que je croyais. Je le regrette. Je me contentais alors de regarder Nadia dans les yeux, de la fixer de toutes mes forces.

Tiens bon, s'il te plaît. Ne craque pas, ne leur donne pas ce plaisir, ils n'attendent que ça. Moi, je suis avec toi, je ne te déteste pas, je m'en fous que tu sois lesbienne et pardonne-moi de me taire. Mais regarde-les : je n'existe pas. Ils font comme si je n'étais pas là. Mon intervention n'aurait aucun sens, aucune portée. Tiens bon, s'il te plaît...

Nadia s'accrochait à mon regard, comme un naufragé à sa bouée. Elle a mis du temps avant de craquer. J'ai assisté à sa noyade. C'est pour ça qu'Ève me demande de témoigner. Elle sait aussi que j'étais intervenue discrètement auprès de la hiérarchie pour parler du calvaire de Nadia. Je crois d'ailleurs que c'est un peu grâce à moi qu'elle a été mutée à la Sos-Dos. Enfin bref, Ève me demande une attestation destinée à prouver la réalité des propos homophobes à l'encontre de Nadia.

« Mais je te préviens : je donnerai ton attestation à l'IGS. Rien ne t'oblige donc à la faire. Réfléchis bien aux conséquences que cela peut avoir pour ta carrière. »

Je rédige une note factuelle, au plus près de la réalité, datée du mois de mars 2008. Des faits, pas de commentaires.

« ... À plusieurs reprises, le brigadier-chef, sous les ordres de laquelle Nadia S. était placée, s'est permise des diatribes homophobes comme celle-ci : "J'en ai marre de ces sales gouines." »

Voilà. Sans le savoir, je viens d'enclencher la machine à broyer contre moi. Un mouvement imperceptible, un changement d'axe : je suis sur sa route. Je ne la vois pas encore, mais la machine administrative veut m'écraser. Elle le doit. C'est comme ça : elle écrase les individus qui ne s'adaptent pas aux règles non écrites de la police. Elle les concasse, puis elle les rejette.

Le hasard des mutations et des changements de bureau fait que, très peu de temps après avoir rédigé mon témoignage, je me retrouve dans le même bureau que le dragon, de retour au service de gestion des affaires d'immigration. Le moins que l'on puisse dire, c'est que ce concubinage forcé ne nous enchante guère ! Le dragon a au moins le mérite d'être clair : « Je te ferai péter les plombs comme j'ai fait péter les plombs à Nadia S., et à d'autres encore avant elle. »

Pendant ce temps, l'IGS prend contact avec la direction de la PAF et lui conseille de convoquer ceux qui sont intervenus en faveur de Nadia ou d'Ève. L'affaire commence à faire du bruit et sème la zizanie dans le service. Alain Bianchi apprend que j'appartiens au camp de ceux que l'on appelle « les courageux », si l'on considère que dénoncer une injustice est un acte moral, ou les

« traîtres » si l'on juge au contraire qu'une telle dénonciation cause un préjudice grave à la police.

Bianchi me convoque. Il est assis à son bureau. Une main posée sur une feuille que l'autre remplit d'une écriture noire et nerveuse, il lève à peine la tête pour me voir entrer et me faire signe de m'asseoir. Je m'assois.

Bianchi est un vieux flic avec une sacrée carrière derrière lui. Le cheveu court et grisonnant, la rondeur satisfaite de la soixantaine prospère, un accent du Sud-Ouest et des costumes d'un autre âge. Il me reçoit d'une manière affable, même s'il ne me cache pas son agacement pour toute cette affaire : depuis plus de trente ans qu'il est dans la maison, c'est bien la première fois que des lesbiennes font un tel raffut. Ça le dépasse, et je le comprends : il n'a pas vu qu'autour de lui le monde avait évolué, remisant son approche sociale au rayon des souvenirs d'une autre époque. Des lesbiennes dans son service ? Mais où va le monde si les folles sortent des cabarets pour s'engager dans la police ? Des « tapettes » chez les flics, même si ça ne correspond pas à son schéma mental, le patron peut à la rigueur l'accepter. Après tout, faut bien céder à l'air du temps et faire quelques concessions. Mais quand même, tout ce tapage ! Et voilà qu'en plus d'autres flics soutiennent les gouines !

« Vous n'avez pas choisi le bon camp et vous devriez réfléchir. Croyez-moi : un bon fonctionnaire va loin en appliquant la sagesse des trois singes. Je ne vois rien, je n'entends rien, je ne dis rien. Vous êtes un bon élément. Et même un excellent policier. Vous n'allez pas tout gâcher ? Alors si vous voulez tout arrêter, si vous voulez que tout cela retourne aux oubliettes et n'aille pas plus loin, on pourra toujours s'arranger avec l'IGS. Je vous le demande : réfléchissez. »

Je n'aime pas ce ton, paternaliste et menaçant à la fois. Je n'aime pas ce que j'entends, je trouve ça très injuste. Je n'aime pas ce numéro de charme qui ressemble à la danse hypnotique du cobra. Il attend ma réponse, le visage tordu par un étrange sourire, qu'il souhaiterait détendu mais qui trahit en réalité sa tension.

« Je n'y tiens pas, et je ne retire pas une ligne de ce que j'ai écrit : je ne reviendrai pas sur mes propos et j'assume complètement mon témoignage ainsi que les conséquences que cela pourrait entraîner. »

Bianchi retire ses lunettes et son sourire. Ses yeux se posent sur moi, comme des ventouses, ils me transpercent. Visiblement, il ne me comprend pas. Est-ce que vraiment cette affaire mérite que je mette en péril ma carrière ? Deux homosexuelles déjà brisées et presque exclues de la police valent-elles la peine que je prenne ce risque ? Ce ne sont que deux gouines.

« J'en prends bonne note. »

Il rechausse ses lunettes et se penche à nouveau sur sa feuille. L'entretien est terminé. Je prends la porte. Celle de son bureau, du moins. Pour l'instant.

Le lendemain, je suis dans les bureaux de l'IGS, dans le XIIe arrondissement de Paris. Une capitaine d'âge moyen me reçoit. Elle semble indifférente à toute cette histoire. Elle m'écoute et hausse tantôt un sourcil, tantôt les épaules. Elle n'est pas très chaleureuse. Depuis combien de temps enquête-t-elle sur les dérapages de la police ? Combien d'horreurs a-t-elle déjà entendues dans ce bureau ? Combien d'histoires de flics véreux, pourris jusqu'à la moelle, corrompus ou violents, a-t-elle déjà enregistrées ? Combien d'abus de pouvoir ? Trop, de toute façon.

« Tout ça ne sert à rien. Cette procédure n'aboutira jamais. Vous perdez votre temps et moi le mien, mais je vous écoute. »

Je raconte tout, encore une fois, en me demandant si cet officier n'a pas raison : à quoi ça sert, tout ça ? Comment puis-je espérer un seul instant que la parole d'une petite adjointe de sécurité de rien du tout aura suffisamment d'écho pour se faire entendre ? Quelle prétention !

La PAF, sans foi ni loi ?

Je m'attends au mauvais coup, sans trop savoir d'où il viendra, ni sous quelle forme. Mais je sais qu'il va venir : j'ai perdu ma naïveté. Je ne crois plus que la police est une grande famille protégeant ceux qu'elle assimile. Au contraire. Au mois de mars 2008, je suis affectée au fameux Groupe d'analyse et de suivi des affaires d'immigration, le GASAI. Dans notre petit monde, c'est considéré comme une preuve de confiance, une récompense et peut-être même une promotion. Et pour cause : les fonctionnaires du GASAI sont aux premières lignes de la lutte contre l'immigration clandestine. Ils traitent les dossiers des INAD, les demandes d'asile politique, appliquent les arrêtés préfectoraux de reconduite à la frontière (APRF) et les amendes fixées aux compagnies aériennes. En effet, lorsque l'une d'entre elles transporte un passager démuni d'un visa d'entrée en bonne et due forme, elle est aussitôt taxée d'une pénalité dont le montant n'est jamais inférieur à 5 000 euros. C'est le minimum. Une somme à laquelle s'ajoutent les frais supplémentaires engendrés par la situation : hébergement à l'hôtel, panier-repas et frais médicaux éventuels. Cette rigueur explique le zèle des employés de certaines compagnies à vérifier les passeports avant de laisser monter les passagers dans l'avion. J'imagine d'ailleurs que les employés d'Alger ou de Bamako sont plus attentifs que ceux de Francfort ou de Rome.

Toujours est-il que notre boulot est de lutter contre l'immigration clandestine. Est-ce que cela me choque ? Non. Pour être tout à fait franche, cela ne me gêne même pas. Je n'ai pas d'états d'âme parce que je crois, je sais que la France a du cœur : elle ne refuse pas son territoire à ceux dont la vie est en danger. Mais elle ne peut pas accepter tout le monde. J'imagine, sotte que je suis, que mes collègues pensent comme moi : pitié et hospitalité pour les victimes. La loi, aussi dure soit-elle, pour les autres, les fraudeurs et les usurpateurs. Comme je me trompe ! Pour nombre de flics de la PAF, un étranger est d'abord un suspect, un parasite potentiel, une espèce de sous-homme indigne, menteur, tricheur, sournois. Tout est bon pour l'empêcher de passer nos guérites. Même celui qui a des papiers en règle. Je crois que la politique du chiffre, la pression exercée sur les agents afin que les statistiques correspondent à la fermeté affichée du gouvernement, ne suffisent pas à expliquer cette situation. Alors quoi ? Eh bien, je pense tout simplement que cela reflète fidèlement l'état d'esprit de nombreux fonctionnaires de la PAF d'Orly. Les étrangers nous emmerdent. Qu'ils restent chez eux. Point.

18 octobre 2008. À 22 heures, un avion de « bougnoules » en provenance de Tunisie est annoncé à l'atterrissage. Parmi les passagers, un homme de 45 ans, plutôt basané. Ses papiers disent qu'il s'appelle John Aguigui San Nicolas, qu'il est ingénieur et américain, né à Guam, cette île de l'océan Pacifique rattachée aux États-Unis depuis 1898, bien qu'elle fasse partie de l'archipel des Mariannes. Son passeport a été délivré à Washington. Les experts en faux papiers de la brigade mobile d'immigration (BMI) d'Orly décrètent que ses papiers ont été falsifiés et que la photo a été changée. L'Américain se défend – en anglais –, affirme qu'il est bien celui qu'il prétend être, qu'il revient de vacances, que son passeport est authentique et demande que la BMI contacte son ambassade à Paris. Refus des policiers. Une procédure de non-admission est établie en même temps que l'amende-compagnie, fixée à 5 000 euros et faxée aussitôt à Tunis Air.

L'ingénieur américain est placé en zone d'attente puis logé pour la nuit à l'hôtel Ibis, sous la surveillance d'une brigade de police qui patrouille dans les couloirs et contrôle le hall de l'hôtel. Le touriste proteste. Il s'obstine. Personne ne l'écoute. Un billet retour vers la Tunisie lui est même réservé. Le lendemain matin, il parvient à prévenir quelques amis de sa situation, rapidement exposée à l'ambassade américaine. La réaction est immédiate : les diplomates américains exigent la libération de leur ressortissant auprès de la direction centrale de la Police aux frontières. La direction centrale appelle le directeur de la PAF d'Orly: «Qu'est-ce que c'est encore que tout ce tintouin?» Le directeur de la PAF d'Orly se renseigne auprès de la BMI: «Qu'est-ce que c'est encore que tout ce tintouin?» La BMI s'entête: cet ingénieur américain est un peu trop bronzé pour être honnête, et surtout pour être américain. L'information remonte en sens inverse jusqu'à l'ambassade américaine: «Est-ce que vous êtes tout à fait sûrs que votre ingénieur américain, bronzé comme il est, est bien un ingénieur américain?» L'ambassade hurle. La direction centrale de la Police aux frontières hurle. Les commandants d'Orly aussi, et John Aguigui San Nicolas finit par être relâché après quarante-huit heures passées en rétention. En revanche, tout le monde oublie de prévenir Tunis Air et de lui rembourser l'amende et les frais d'hébergement. C'est toujours ça de gagné.

On pourrait croire que les policiers coupables de cette erreur se sentent quelque peu gênés. Eh bien, pas du tout. L'un d'entre eux a tout simplement abîmé volontairement le passeport américain: voilà le triste alibi qui permet de justifier ce qu'ils présentent désormais comme une méprise. Pour le reste, l'essentiel est sauf: même si elle n'aboutit pas, le fait d'ouvrir une procédure pour non-admission compte tout de même pour un bâton. Cela gonfle artificiellement les statistiques, mais qui veut vraiment savoir la vérité? Qui a envie de connaître les petites magouilles pratiquées par certains policiers des frontières de l'aéroport d'Orly pour montrer un bilan convenable à la fin de l'année? Peut-on comprendre que dans notre pays des fonctionnaires organisent leurs petites carrières et assouvissent leurs petites ambitions en tripatouillant les chiffres, en froissant des passeports, en retenant des gens en règle, en expulsant des étrangers qui ne devraient pas l'être ?

Qui a envie de connaître l'histoire de Mody Traoré ?

Mody est un Malien de 21 ans, en France depuis plusieurs années mais dans une situation illégale. Il est contrôlé, arrêté et doit être expulsé direction Bamako. Jusque-là, tout est normal, légal et indiscutable : un clandestin doit être expulsé. Mais de quelle manière ? Traoré refuse d'embarquer. Les policiers d'escorte de l'unité locale d'éloignement insistent. De quelle manière, on ne le saura sans doute jamais. Ce qui est sûr, c'est que Traoré, transporté aux urgences médico-judiciaires de l'hôpital intercommunal de Créteil, est victime d'une fracture du poignet et souffre de nombreuses ecchymoses. Lui affirme avoir été frappé par les policiers. Les policiers reconnaissent avoir un peu forcé sur le poignet, puis l'avoir bousculé et jeté à terre dans la cellule de la garde à vue. C'est en tombant au sol, sanglé et menotté, qu'il se serait fracturé le poignet. Mais ils ne l'ont pas frappé. Je ne sais pas qui dit vrai. Ce que je sais, c'est qu'on ne devrait pas ressortir des mains de la police française avec un poignet fracturé et vingt et un jours d'arrêt de travail.

Qui a envie de connaître cette autre histoire, celle d'Antoinette Kiamanga, citoyenne française, placée en garde à vue le 9 septembre 2009, une dizaine de minutes avant 21 heures ?

Cette histoire, un peu longue, la voici.

Antoinette est française. Noire et française. Elle est d'origine congolaise. C'est d'ailleurs de la République démocratique du Congo qu'elle a décollé avec sa petite fille de 4 ans pour un vol jusqu'à Casablanca, où elle doit prendre un autre avion pour Paris. Une escale de quelques heures, le temps de compter ses valises et ses sacs : un, deux, trois, quatre... Trop de valises, trop de sacs, trop de poids. À chaque retour de vacances, c'est la même chose : elle rapporte un tas de trucs plus ou moins utiles pour elle et pour ses amis. Les souvenirs, ça pèse et ça peut coûter cher en excédent de bagages. Elle fait donc ce qu'il ne faut jamais faire et qu'elle a pourtant déjà fait plusieurs fois. Elle repère une personne seule et peu chargée. Cette fois, c'est un adolescent, presque un enfant, avec une seule petite sacoche qui pend au bout du bras. Elle lui explique la situation : s'il accepte d'enregistrer l'un de ses bagages, elle n'aura pas de surtaxe à payer, mais elle lui glissera un petit billet à l'arrivée. Le gamin est d'accord.

L'avion se pose à Paris. Le gosse est muni de faux papiers. La totale : un faux passeport et une fausse carte d'identité française. Des faux grossiers, repérés au premier coup d'œil par les policiers. L'adolescent est normalement interpellé. Antoinette aussi : elle est logiquement suspectée d'aide à l'entrée et au séjour irrégulier d'un ressortissant étranger. Elle ne s'inquiète pas : ses papiers en règle et quelques mots d'explication devraient suffire à éclaircir la situation. D'autant que le jeune homme confirme, dès les premières minutes de son interrogatoire, qu'il ne connaît pas Antoinette. Retranscrites sur le procès-verbal, ses déclarations sont limpides : elle l'a abordé à l'aéroport de Casablanca en lui demandant de lui rendre ce service. Le gosse dit s'appeler Mpiaya Saudry. Il aurait 14 ans.

« Je ne voyageais pas avec cette dame avant de l'avoir croisée à l'aéroport de Casablanca. Elle m'a demandé d'enregistrer un de ses bagages car je n'en avais pas. »

De son côté, Antoinette raconte exactement la même chose.

« Je revenais de Brazzaville avec ma fille de 4 ans. Alors que je descendais de l'avion, comme j'étais chargée et avais beaucoup de bagages, j'ai demandé à un garçon de m'aider à porter mes bagages. Ce garçon était seul à voyager, je ne le connais pas. Je lui ai juste demandé un service, je lui ai remis ma valisette. »

Les policiers ont du mal à la croire. C'est normal, et on ne peut pas le leur reprocher. Celui qui se fait appeler Mpiaya Saudry est le clandestin type et ne cache rien. Extrait du procès-verbal : « J'ai obtenu mes documents d'identité grâce à un monsieur que j'ai rencontré dans mon quartier, Château d'Eau, à Brazzaville. Je savais que ce monsieur vendait des documents pour pouvoir aller en France. J'ai demandé à ma mère de m'envoyer de l'argent car j'avais envie de la rejoindre en France. J'ai payé 1 million de francs CFA [environ 1 500 euros] pour obtenir les documents. Cela fait presque un an que j'ai ces documents. Je ne connais pas le nom du monsieur qui me les a vendus. »

Les policiers ont donc le devoir de vérifier ces déclarations et de s'assurer qu'Antoinette Kiamanga n'est pas la complice d'un réseau de négriers. Elle est placée en garde à vue. Il est 20h50. On lui propose de joindre quelqu'un de sa famille pour venir récupérer son enfant. La petite fille de 4 ans regarde tous ces hommes en uniforme et ne comprend rien à la situation. Elle veut rester avec sa maman. Antoinette se penche vers elle et, d'une voix très douce, lui explique que ce n'est pas possible et que son papa va venir la chercher, qu'elle va bientôt dormir à la maison et qu'elle même rentrera un peu plus tard, que tout va bien et qu'elles se retrouveront demain matin pour le petit déjeuner.

Antoinette sait pourtant que la situation n'est pas aussi simple. Elle explique aux policiers que son mari, Mathieu Goma, est bien le père de l'enfant, et que sa situation administrative est actuellement en cours de régularisation. Il n'a pas encore de carte de séjour, mais le dossier est déposé et cela ne saurait tarder.

Silence des flics. Mais je sais, moi, qu'ils jubilent. Ils se frottent les mains. Si le père n'a pas de carte de séjour, ils l'arrêteront et le colleront dans le premier avion en partance pour Brazzaville. Un bon coup. Un bâton de plus dans la colonne des individus non admis sur le territoire reconduits à la frontière. Une bonne soirée : un gamin de 14 ans, une mère et un père.

En effet, dès son arrivée à l'aéroport, Mathieu Goma est arrêté, menotté et placé en garde à vue. Ce que dit, à sa manière, le rapport d'un fonctionnaire : « [...] Mentionnons qu'une procédure distincte a été diligentée par nos services le 9 septembre 2009 (2009/2853) contre M. Goma Mathieu, concubin de Kiamanga Antoinette, qui s'est présenté à l'aéroport d'Orly pour récupérer l'enfant. »

Une « procédure distincte diligentée », cela n'en dit pas assez. Voilà comment en parle l'intéressé dans un témoignage consigné sur un autre procès-verbal lors d'une de ses auditions le 10 septembre 2009 : « J'ai été contacté sur mon téléphone portable par une dame disant être policier à la Police aux frontières. Cette dame m'a appelé quatre fois en me demandant de venir chercher ma fille. La police a insisté car l'enfant ne pouvait pas rester seule dans les locaux de la police... Je suis arrivé à l'aéroport d'Orly vers 22 heures. Je me suis présenté à l'accueil, j'ai vu la petite qui est venue vers moi. On m'a demandé une pièce d'identité, j'ai donc présenté mon passeport. J'ai précisé que j'étais en situation irrégulière, sous contrôle judiciaire, ce que Mme Kiamanga avait dû leur dire. Je signe une fois par mois au commissariat de Thiais. J'ai bien expliqué que vu mon contrôle judiciaire, je ne pouvais pas faire l'objet d'une mesure de reconduite à la frontière, que j'étais en attente de jugement pour ma régularisation. Le policier s'est énervé en me disant que je devais toujours avoir l'ordonnance de contrôle judiciaire avec moi, même pour aller chercher du pain. Il a haussé le ton. Il semblait vraiment énervé. J'ai trouvé qu'il s'énervait pour rien, qu'il ne m'écoutait pas, alors j'ai commencé à m'énerver moi aussi. Je lui ai dit: "Je veux me tuer", "Je ne comprends plus", "Qu'est-ce qu'on me veut ici ?"... je me suis énervé à mon tour parce que je venais pour l'enfant et que je me retrouvais en garde à vue. Ils sont venus à quatre ou cinq pour me maîtriser. Je me suis débattu. C'est vrai, j'ai crié, j'ai demandé l'application des droits de l'homme. Les policiers m'ont fait mal au bras droit, m'ont mis les menottes... On m'a demandé si je connaissais X se disant Mpiaya Saudry, j'ai répondu non.»

Les collègues pensent avoir démantelé un réseau de trafic d'êtres humains. Un petit réseau familial et sans envergure, mais un réseau tout de même. Des besogneux, en quelque sorte. Des gagne-misère qui chercheraient à faire du lard sur le dos de plus pauvres qu'eux encore. Antoinette et Mathieu sont en garde à vue, chacun dans une cellule séparée, rongés par l'inquiétude: il y a la petite. Qu'ont-ils fait de l'enfant? Est-elle dans un bureau? Lui a-t-on donné à boire, une couverture et son doudou?

Le 10 septembre 2009 à 00 h 20, la petite fille, née le 6 mai 2005 à Ivry-sur-Seine, est placée au foyer de l'enfance de Sucy-en-Brie.

Et là, tout dégénère. Extrait du procès-verbal n° 2009/002851/8 signé par Antoinette Kiamanga: «J'ai donné les coordonnées de mon mari. Lorsqu'il est arrivé, il a été placé en garde à vue aussi. Les policiers ont été violents avec lui tout comme avec moi. J'ai alors voulu m'étrangler avec mes habits. Pour éviter que je fasse ça, les policiers m'ont pris mes habits. Ce qui m'a choqué, c'est que j'étais complètement nue et que tous les policiers sont venus me voir. Une policière m'a filmée toute nue. »

La négresse est nue dans sa cellule. Nue ! Des policiers défilent et ricanent. La bonne blague ! Rires gras et pervers.

Salauds ! Immondes salauds, comment vous faire payer ça ?

Elle essaie de dissimuler ce qu'elle peut, recroquevillée dans un coin de sa cellule, les bras entourant ses genoux repliés sur la poitrine. Une policière la filme avec son téléphone portable. Pourquoi se gêner ? Et les autres regardent la policière filmer la négresse nue avec son téléphone portable. Ils trouvent que c'est une bonne idée. En tout cas, personne ne dit à cette policière que filmer une négresse nue est une idée monstrueuse, odieuse, terrifiante et inhumaine. Tout le monde a l'air de trouver ça normal. Le surmoi des collègues a disparu supposant qu'il ne traitait pas tout à fait des êtres humains. Un remake à peine inconscient des zoos humains du début du XXe siècle !

D'autres policiers continuent l'enquête et la cueillette des suspects. Les parents de celui qui se fait appeler Mpiaya Saudry sont à leur tour convoqués. Et placés en garde à vue. Puisqu'ils ont aidé leur fils à venir illégalement en France, ils sont coupables de trafic de migrants. C'est du moins ce que leur expliquent les policiers.

Le parquet est saisi. Les magistrats considèrent, à la différence des policiers, qu'aucune infraction n'est suffisamment caractérisée pour mériter un arrêté d'expulsion ni même une peine de prison, aussi légère soit-elle. En ce qui concerne celui qui se fait appeler Mpiaya Saudry, le parquet juge que les parents de l'adolescent n'avaient pas d'autre possibilité de faire venir leur fils en France, étant donné les obstacles mis à la procédure de regroupement familial. Toute la famille ressort libre, d'autant qu'il y a une véritable urgence : le père, la mère et le garçon sont séropositifs.

Le sida, cette saloperie de virus, les tue lentement. Au Congo, faute de soins, ils n'auraient aucune chance de survie. Ici, en France, ils peuvent espérer gagner quelques années de vie.

Les magistrats ne trouvent rien non plus à l'encontre de Mathieu et d'Antoinette. La négresse peut se rhabiller. Et hop, dehors !

Ce soir-là, le bilan de la Police aux frontières s'est enrichi de cinq bâtons. De quoi être fier, vraiment.

Personne, jusqu'à aujourd'hui – c'est-à-dire jusqu'à ce que j'écrive ces lignes – n'a jamais demandé aux policiers d'Orly ni à leur directeur comment il est possible qu'une femme de nationalité française se retrouve nue dans une cellule, rabaissée, humiliée, déshumanisée au point qu'une policière puisse filmer cette scène honteuse et barbare comme si elle était banale, ordinaire. Habituelle. J'espère qu'on leur réclamera un jour des comptes.

À l'époque, je n'ai pas été directement témoin de cette affaire. J'en ai entendu parler. Un collègue, choqué, m'a transmis la procédure où tout est décrit.

De celle-là et d'autres encore. Ça commence à me tordre l'estomac. Période de doutes et de désaccords qui me conduisent à me demander si vraiment tout va si bien dans ce pays. Il y a une jolie façade, frappée de la devise de la République. Derrière la façade, ça pue. Des gens sont détruits parce qu'ils ne sont pas dans la norme, d'autres sont maltraités parce qu'ils n'ont pas la bonne couleur ou qu'ils détiennent la mauvaise nationalité. Est-ce que l'opinion publique le sait ? Aux États-Unis, le scandale de la prison irakienne d'Abou Ghraib a fait la une des journaux. Tout a été dévoilé. Les responsables et les coupables ont été sanctionnés. C'est, je crois, la force d'une démocratie d'être capable de juger ses erreurs. Alors, toutes proportions gardées, pourquoi a-t-on étouffé cette histoire de négresse nue filmée au fond de sa cellule ? Est-ce que je peux accepter ça ? Mon silence me rend-il coupable des agissements de salauds qui bafouent les règles élémentaires de la plus simple humanité ? Tous les jours, je parle, je ris, je travaille, je mange avec ceux qui font ça ou ceux qui l'acceptent ou ceux, encore, qui s'écrasent pour ne pas nuire à leur carrière. Dans combien de temps je vais leur ressembler ? Il n'y a presque personne, dans mon entourage professionnel de la PAF, avec qui partager mes doutes. Alors, je fais semblant. Je me coupe en deux. Il y a mon personnage public, cette jeune femme imperturbable sanglée dans son uniforme qui, d'une façon ou d'une autre et par la force des choses, est une partie du système. Je ne l'aime pas beaucoup, celle-là. Elle commence même à me dégoûter un peu. Et puis il y a ce que je suis vraiment, avec ma vérité, mes doutes et ma conscience. C'est un joli mot, « conscience ». Je reproche à tous ces fumiers de n'avoir aucune conscience et de piétiner la mienne. Salauds ! À cause de vous, je n'ai plus la conscience tranquille.

C'est peut-être ça, cette histoire de conscience, qui m'a décidé à réagir.

Ça, ou l'histoire de Khady S. qui me revient maintenant et qui aurait dû m'alerter depuis longtemps.

22 novembre 2007. Dans le ciel, les nuages déjà chargés d'hiver ont tiré un épais rideau noir, mais puisqu'il ne neige pas et que la météo le permet, les avions se posent les uns derrière les autres sans retard ni incident. La routine : à leur poste, les policiers aux frontières veillent. Un œil sur le visage du passager, l'autre sur son passeport. Tout est en règle. Un coup de tampon. Au suivant. Visage, passeport, photo, tampon. Au suivant.

La suivante est une jeune femme d'une trentaine d'années, noire comme de l'ébène, d'origine ivoirienne mais née en France, comme ses trois enfants d'ailleurs. Elle arrive d'Abidjan. Le policier feuillette son passeport.

« Ce n'est pas vous sur la photo.

– Mais si, c'est moi ! Je vous assure que c'est bien moi. »

Nous sommes désormais quelques-uns à observer le passeport. On se le passe de main en main. Chacun donne son avis. « Le nez n'est pas le même. » « Les yeux sont différents. » « Et la coiffure ? Regardez la coiffure ! Ce n'est pas la même. »

« Je vous dis que c'est moi ! C'est un vrai passeport avec ma vraie photo. »

Elle sourit avant d'ajouter l'argument qui, pense-t-elle, va en finir avec cette situation : « Vous savez, je suis une ancienne policière... »

C'est du sérieux. Du lourd. Voilà que cette « négresse » avec un passeport contrefait, d'après les experts de la BMI, affirme qu'elle est une ex-collègue. Les policiers se grattent la tête, indécis. Et si c'était vrai ? On se repasse le passeport. On l'examine, on l'ausculte, centimètre par centimètre. Compte-fils et lampe à rayons ultraviolets. On ne sait plus très bien, alors on appelle un commandant. Les commandants savent. Et lui, il a déjà une certitude :

« Vraiment, on aura tout vu ! Maintenant, ils n'hésitent plus à se faire passer pour des policiers français... »

« Ils », ce sont les étrangers, « bougnoules » et « nègres » mélangés, resquilleurs et menteurs. Qu'elle puisse dire la vérité, le commandant ne l'envisage même pas.

Cette fois, la jeune femme sourit, mais je vois bien qu'elle est inquiète. Le commandant la regarde des pieds à la tête, comme s'il la passait au scanner. Elle continue de sourire, sachant que dans ce genre de situation il est inutile de s'énerver.

«Je m'appelle Khady S. Je suis une ancienne collègue. J'étais adjointe de sécurité et j'ai démissionné. Posez-moi des questions sur la police auxquelles un citoyen ordinaire ne pourrait pas répondre, et vous verrez bien que je dis la vérité.»

Ça le met au défi, le commandant.

«C'est quoi, le STIC?

– Le système de traitement des infractions constatées!»

1-0 pour la passagère. Nouvelle tentative du commandant:

«Quel est l'article du règlement concernant le menottage?

– L'article 803.»

2-0 pour la passagère. Le commandant, mauvais perdant, se retourne vers nous et conclut cet échange avec l'air de celui à qui on ne la fait pas: «Elle a bien appris sa leçon!»

Je crois que si les serpents parlaient, ils auraient cette voix sifflante et froide. Deux policiers de la BMI regardent leur chef en hochant la tête. Ils sourient, émerveillés par la sagacité de l'officier.

«J'étais en poste au commissariat de Meaux. Vous pourriez peut-être appeler mon ancien service pour vérifier.»

Le commandant décroche le téléphone. À l'autre bout du fil, un lieutenant qui non seulement atteste de la nationalité française de Khady et de son passage dans la police, mais en dresse un portrait élogieux. Le commandant insiste : le lieutenant pourrait-il échanger quelques mots avec la passagère de manière à identifier sa voix ? C'est chose faite, mais cela ne suffit pas. Le commandant ne change pas d'avis. Les fraudeurs sont rusés. Malins comme des singes. Des collègues reprennent l'interrogatoire, façon petit nègre.

« Toi y en as policier ?

– Si toi y en as policier, toi y en as savoir lire ? »

La jeune femme reste impassible. C'est très impressionnant, ce sang-froid qu'elle montre. C'est le sang-froid des vieilles troupes, celui que l'on oppose aux situations couramment rencontrées. Khady S. a déjà une longue expérience dans le domaine du racisme. Elle est un vétéran de la connerie. La Française exotique qu'elle est, noire comme elle est, sait qu'elle va encore perdre du temps et se faire humilier. Et alors ? Elle a l'habitude. Elle est devenue patiente et philosophe : elle n'a qu'à attendre, le temps que tous ces cons se défoulent un peu, et puis elle pourra s'en aller.

Je glisse un mot à l'oreille du commandant. Je plaide pour elle. Elle a été ADS, c'est sûr. C'est ce que je dis à l'officier qui me regarde de toute sa hauteur avec commisération et une pointe de déception. Jusque-là, il pensait lui aussi que j'étais un bon flic. Je viens de le décevoir.

« Tu te trompes, Sihem. Tu es naïve. Crois-moi : ils sont prêts à tout pour entrer en France. »

On notifie à la jeune Française mère de famille un refus d'entrée sur le territoire français. Magnanime, on lui propose de reconnaître son usurpation d'identité et d'obtenir ainsi un sursis de vingt-quatre heures. Dans le cas contraire, elle sera expulsée par le prochain avion, c'est-à-dire, voyons, dans... deux heures !

On la transfère pourtant dans un hôtel pour y passer la nuit. Son expulsion est programmée pour le lendemain. Elle réussit à alerter des militants associatifs qui interpellent la direction centrale de la Police aux frontières. Il est immédiatement ordonné de relâcher Khady S. Aussitôt dit, aussitôt fait : il est 3 heures du matin, et la voilà sur un coin de trottoir avec sa valise. Au revoir et merci.

Le Parisien, daté du 23 novembre 2007, fait un article de l'aventure de Khady S. Quelques lignes pour dénoncer l'innommable, sans grande conséquence. Alain Bianchi, le directeur de la Police aux frontières d'Orly, demande une explication au commandant. L'officier, celui à qui on ne la fait pas, a déjà une réponse : en réalité, Khady S. a dû rentrer dans la police sous une fausse identité ! Comme quoi, « ils » sont vraiment prêts à tout... Quant à l'article du *Parisien*, il est vite oublié. D'ailleurs, à la PAF, on n'aime pas les journalistes. Des fouille-merde. Sauf quand on arrive à les contrôler. Je me souviens de cette journaliste, par exemple, qui avait demandé l'autorisation de passer une semaine avec les agents de la PAF. Bianchi avait alors briefé ses cadres qui avaient à leur tour fait la leçon aux fonctionnaires. Il s'agit de montrer une bonne image de la PAF. Une unité pleine d'humanité, sensible aux droits de l'homme et particulièrement attentive aux demandes d'asile.

La journaliste arrive. Une bonne semaine. Je veux dire pour elle, mais aussi pour quelques immigrés qui débarquent au paradis, vraiment.

Un couple de Palestiniens. Ils ont une soixantaine d'années. Pas de papiers valables, ils ne parlent pas le français. Le genre « bougnoule » qu'on ramène à l'avion sans perdre de temps.

On les place en rétention et la journaliste suit la procédure que je traduis au fur et à mesure aux Palestiniens. Ils téléphonent à l'Office français de protection des réfugiés et apatrides (OFPRA), habilité à leur délivrer une autorisation de pénétrer sur le territoire. En général, plus la discussion est courte, moins les demandeurs ont de chances d'être écoutés. Là, le fonctionnaire raccroche au bout de trois minutes. Mauvais signe. C'est ce que j'explique à la journaliste : ils n'ont pas dû convaincre l'employé de l'OFPRA du bien-fondé de leur demande. Mais l'OFPRA rappelle l'après-midi même, alors qu'en général il ne délivre sa réponse que le lendemain. Surprise : le couple de Palestiniens est éligible au statut de réfugiés politiques. Sourire de la journaliste. Sourire de Bianchi qui voit déjà s'étaler à la une la générosité des hommes de son service. Sourire des Palestiniens. Tout le monde est content.

Pour compléter le tableau, trois officiers, deux gardiens de la paix et moi-même sommes requis pour escorter ces nouveaux admis sur le territoire français, jusqu'à la zone des taxis. Nous voilà six flics (!) à accompagner deux Palestiniens qui poussent leurs pauvres valises cabossées jusqu'à la station de taxis. Les chauffeurs ouvrent des yeux comme des soucoupes. Il y en a même un qui se marre franchement lorsque l'un des officiers tend aux Palestiniens quelques feuillets en me priant gentiment de leur expliquer de quoi il s'agit : la liste de toutes les associations d'aide aux réfugiés !

La journaliste s'est laissé trimballer pendant une semaine sans comprendre qu'elle était en réalité l'instrument d'une opération de communication.

J'ai honte.

Le mouton noir

J'ai une bizarrerie de caractère : je suis optimiste. J'ai la faiblesse de croire que la force appartient à la loi, que l'intelligence, la justice finissent toujours par l'emporter. Je crois que dans mon service on m'aime bien, alors je parle aux collègues. J'essaie de leur faire entendre qu'un Arabe ou un Noir n'est pas forcément un fraudeur. Je dis des trucs simples : on peut être noir ou d'origine maghrébine et être français. Et même un bon Français. Je dis aussi qu'un fraudeur n'est pas un chien qu'on chasse à coups de pied. Que notre uniforme nous impose au contraire une conduite irréprochable. Je me souviens qu'un jour j'ai même parlé de mon grand-père : pendant la Seconde Guerre mondiale, il est venu en France se battre pour son drapeau, le drapeau français. Il a fait partie de la Résistance, a été arrêté et envoyé dans un camp nazi quelque part de l'autre côté du Rhin. Les Nazis l'auraient bien laissé crever de faim, mais il s'est arraché ses fausses dents en or une à une pour les revendre contre quelques patates ou un croûton de pain. Là-bas, en Tunisie, j'ai retrouvé des vieux papiers qui racontent son épopée, et quelques médailles. J'en ai pleuré de fierté.

Enfin bref, au début, on m'écoute un peu. Jusqu'au jour où on me demande de la boucler : « Tu nous fais chier avec ta justice et ton droit ! Si tu prends leur défense, c'est que t'es d'origine tunisienne, c'est tout ! Laisse tomber avec tes grands airs de sainte-nitouche, tu ne trompes personne. »

Il a dit ça sans même élever la voix, comme si c'était une évidence. Je le regarde, stupéfaite. Je scrute les autres qui m'observent, sans sympathie, mais sans haine non plus, avec tout juste une lueur de curiosité bovine dans les pupilles : comment vais-je réagir ? Eux ne réagissent pas. Là où j'attends une avalanche de protestations ne s'élève même pas un misérable murmure de soutien à mon égard. C'est donc une évidence pour tout le monde : je suis une « bougnoule », c'est pour ça que je défends les « bougnoules » et les « nègres ».

Je n'en reviens pas. Le ciel me tombe sur la tête. Tout ce en quoi je crois vient de s'écrouler d'un seul coup.

Je croyais appartenir à une famille, mais je ne suis qu'une bâtarde. On me le fait comprendre de mille façons : on surveille mon travail parce que c'est bien connu, le travail d'Arabe, c'est toujours mal fait. On ne trouve pourtant rien à me reprocher. On se raconte en rigolant bien fort des blagues racistes.

« Deux Arabes sont dans une voiture. Qui conduit ? La police. »

« Qui va plus vite qu'un Noir avec une télévision volée ? Son petit frère avec les DVD. »

Ha, ha, ha !

C'est comme ça tous les jours. Les mêmes blagues, les mêmes rires.

« Quelle est la différence entre un Arabe et E.T. ? E.T. a compris qu'il devait rentrer chez lui. »

Et quand quelque chose disparaît du bureau, on me demande d'ouvrir mon sac. Pour n'importe quoi – une agrafeuse, un rouleau de scotch, un téléphone... – il faudrait que j'ouvre mon sac. Je râle, évidemment. Ça ne sert à rien, mais je râle quand même jusqu'à ce que le chef du bureau demande à tout le monde de se calmer. Lui, c'est un brave type, c'est le capitaine du GASAI. Il ne rigole jamais avec les autres. Il a même l'air désolé par autant de connerie. Mais il n'en fera pas plus, je le sais, pour ne pas risquer de se mettre à dos l'ensemble de ses collègues. Il veut bosser peinard, c'est tout, et je ne lui en veux pas.

En revanche, j'en veux beaucoup plus à la chef de la division immigration. C'est la numéro trois de la PAF, elle a du poids. Je ne comprends pas pourquoi à chaque réunion de direction elle réclame ma tête avec un entêtement qui frise l'obsession : « Je n'ai plus confiance en elle. Elle cherche la petite bête sur tous les dossiers. Elle nous emmerde. C'est tout juste si elle n'aide pas au séjour irrégulier. Je ne veux plus d'elle dans mon service. »

Pourquoi cet acharnement contre moi ? Depuis deux ans, elle ne tarissait pas d'éloges à mon égard. Mes compétences par-ci, mon dévouement par-là. Je n'étais pas loin d'être la meilleure. Du jour ou lendemain, patatras, je ne suis plus bonne à rien. Même Bianchi, le grand patron, n'y comprend rien et prend à chaque fois ma défense: « Cela ne se passe pas comme ça. Arrêtez de la charger! D'ailleurs, si je vous écoute, ça se passe mal avec tout le monde. Vous ne juriez que par elle il y a encore quelques jours, alors si vous avez quelque chose à lui reprocher, faites un dossier et apportez-moi des preuves. Pour le moment, le sujet est clos et je ne veux plus vous entendre, c'est bien compris ? »

Je rase les murs. Je sais qu'à la prochaine occasion elle me fera passer à la moulinette sans hésiter une demi-seconde. Et cette occasion finit par se présenter.

Depuis que je travaille à l'aéroport, je me suis fait quelques amis. Des flics, bien sûr, mais aussi des civils, rencontrés lorsque j'étais employée de la Brink's, ou plus tard, à force de les croiser sur la plate-forme.

Parmi eux, un superviseur dans une compagnie aérienne. Un type sérieux d'une trentaine d'années. Or, il vient d'écoper d'une condamnation au tribunal de police pour une infraction au code de la route. Rien de bien grave, mais c'est suffisant pour que son badge d'accès à la zone réservée lui soit confisqué. Les mesures de sécurité imposent en effet que les zones sensibles soient interdites à ceux qui ont été condamnés par la justice. On le comprend. Mais là, est-ce qu'une infraction au code de la route justifie vraiment ce qui équivaut à un licenciement ? Le type est désespéré.

« Sans badge, je n'ai plus de boulot. À ton avis, je peux faire quelque chose pour qu'on me le rende ? »

À vrai dire, je ne sais pas vraiment ce qu'il faudrait faire. Je lui conseille alors d'écrire une lettre au préfet, en lui souhaitant que cela suffise à lui donner une chance.

Une bonne âme a répété cette conversation à la commissaire divisionnaire, numéro deux de la PAF. Elle juge l'affaire assez importante pour en informer le directeur. Et le directeur trouve cela assez grave pour me convoquer séance tenante.

Il est derrière son bureau. Les doigts de sa main droite tambourinent sur un dossier. Son adjointe est assise en face de lui, légèrement décalée. Ils me fusillent du regard. Je reste debout. De toute façon, on ne me propose pas de m'asseoir. D'ailleurs, les accusés comparaissent debout devant leurs juges. Je ne sais pas encore de quoi il s'agit mais, en voyant leur tête, je devine que ça va être ma fête.

« Vous avez conseillé quelqu'un pour un retrait de badge, n'est-ce pas ? »

Ah, c'est ça ? Je ne m'inquiète pas.

« Oui.

– Je ne comprends pas en quoi vous êtes concernée. Vous ne travaillez pas au bureau des badges, que je sache ! »

En voilà une histoire pour ce foutu badge ! Je n'ai quand même pas fourni un laissez-passer à Ben Laden. Je me retiens de rire.

« J'ai simplement indiqué à ce jeune homme un moyen d'éviter qu'il perde son emploi. Je ne crois pas avoir fait une faute grave. D'ailleurs, c'est aussi en tant que policier au service du public que je l'ai conseillé. »

Le directeur sursaute sur sa chaise. Il n'en croit pas ses oreilles. Une petite fonctionnaire se permet de lui faire la leçon. À lui, un vieux de la vieille, que toutes ces histoires de gouines et de gonzesses bien intentionnées commencent sérieusement à fatiguer. Il s'en étoufferait presque. Quant à son adjointe, elle a la mine de celle qui vient d'avaler tout rond un œuf dur : ça ne passe pas. Le patron hurle à s'en faire exploser les veines du cou.

« Ce n'est pas à vous de juger ! J'ai exigé qu'on lui retire son badge ! Pour qui vous prenez-vous pour oser passer derrière moi ? C'est inadmissible ! On n'est pas là pour faire du social ! Nous ne sommes pas là non plus pour dire leurs droits aux gens ! »

C'est drôle, mais il ne m'impressionne pas. Je le trouve ridicule. Il n'arrive même pas à entamer ma bonne humeur. Je crois que c'est à cause du soleil : il fait beau, la lumière passe à travers les vitres et se pose sur les choses, relevant leurs défauts, comme la peinture écaillée du pied de la lampe et les rayures du bureau. Ce n'est pas un temps de mauvaise humeur. Je réponds, parce qu'il le faut bien.

« Malgré tout le respect que je vous dois, je crois que la police a une mission de service public. J'ai eu l'impression de ne faire que mon devoir. En plus, l'infraction qui a entraîné le retrait de son badge est futile et je pense que cela ne mérite pas une telle sanction. »

Je pense un instant que l'adjointe du directeur va s'affaler là, à mes pieds, terrassée par une crise cardiaque. Elle est décomposée. Le directeur se passe la main sur les yeux. Il n'en revient pas ! Une petite conne lui tient tête ! Non mais, qu'est-ce qu'elle imagine ? Au point où j'en suis, j'en rajoute une couche :

« Tous les jours, des collègues aident un ami, une connaissance, et tout le monde trouve ça normal. Rien à redire. Mais moi, on vient me chercher des poux sur la tête pour cette broutille ? Pour un badge ? J'aimerais comprendre.

– Sortez de ce bureau ! »

C'est la version colérique du « Circulez, y a rien à voir ». Je les salue et je sors en tirant la porte derrière moi. Sans la claquer. Dehors, il fait toujours aussi beau. Le soleil est haut dans un ciel bleu dur. Un soleil comme ça, un 18 décembre, c'est plutôt rare. C'est pour ça que je m'en souviens.

Le lendemain est donc le 19 décembre 2008. Le soleil n'est plus là et les nuages naviguent à la dérive, chargés d'hiver. Il fait froid, un froid humide et visqueux qui s'infiltre partout à vous cailler le sang. C'est l'heure indécise où il ne fait plus nuit mais où le jour hésite encore. Comme chaque matin, j'arrive un peu en avance et j'en profite pour me préparer un thé brûlant. Je me réchauffe les deux mains autour de la tasse. C'est du thé vert que j'achète près de chez moi, dans une épicerie tenue par un Iranien arrivé en France après je ne sais quelles péripéties. Il est en règle. Je le sais parce que je lui ai demandé. Ça l'a bien fait rire que je sois flic. Enfin bref, c'est là que j'ai acheté le thé vert que je suis en train de siroter doucement, quand j'apprends qu'on m'a changée d'affectation. Comme ça, brutalement. Normalement, ce genre de choses se fait dans les normes, c'est-à-dire avec une lenteur administrative qui laisse le temps au muté de boucler ses dossiers et ses valises, et de lui trouver un remplaçant, sans trop se presser. Ça prend quelques jours, peut-être même une semaine. Mais là, non. Ça urge : je suis mutée tout de suite, le temps de ramasser mes stylos. Et de terminer mon thé ? Une note de service informe l'ensemble du personnel de la PAF de ma mutation, aussitôt interprétée pour ce qu'elle est : une sanction. Une brimade. J'informe mes collègues que je refuse mes nouvelles fonctions. Et tous me comprennent. D'ailleurs, ils préféreraient que je ne quitte pas immédiatement le service, car sinon il faudra trouver quelqu'un pour me suppléer et ils devront faire des heures supplémentaires... La solidarité emprunte parfois des sentiers tortueux...

Je suis appelée par la responsable de la division immigration, celle qui harcèle le patron de la PAF pour me virer de son service. Elle ne perd pas de temps en explications superflues.

«Je n'ai rien à vous reprocher concernant votre travail. Cette mesure a été prise dans votre intérêt. S'il se passait quelque chose au GASAI, vous seriez la première désignée étant donné vos origines. »

Nous y voilà. On ne joue plus. Terminé les blagues vaseuses et le harcèlement minable. Cette fois, les choses sont dites : je suis sanctionnée parce que je suis d'origine maghrébine. C'est ma faute. Je suis coupable d'être arabe. Et donc capable de tout ou à peu près, indigne de confiance.

« Vous savez, vous n'êtes pas la première. J'avais dans mes effectifs une gardienne de la paix d'origine malienne qui s'est mariée avec une personne en situation irrégulière. Nous l'avons déplacée pour la protéger de certaines accusations ou des doutes qui pouvaient peser sur elle.

– En quoi cet exemple me concerne-t-il ? Je fais mon boulot correctement, et la seule chose qu'on puisse me reprocher, c'est de ne pas accepter d'être à la limite de la légalité en empêchant d'entrer des étrangers réguliers. Et si cela peut vous rassurer, j'ai épousé un homme qui a des papiers en règle depuis toujours. »

Tout ce que je peux dire ne sert à rien. Le verdict ne change pas : je suis affectée au secrétariat de police générale. Je suis virée d'un service de réglementation et de statistiques relatives à l'immigration à cause de mes origines.

L'ivresse du pouvoir

Il y a autre chose qui chagrine mes supérieurs, Alain Bianchi en tête. Je connais la plupart des responsables des compagnies aériennes, avec qui j'entretiens de très bonnes relations. Lors de mes missions de suivi de la mise en place des nouvelles technologies liées aux contrôles transfrontaliers, les compagnies me communiquaient la liste de leurs passagers. Je comparais cette liste à la nôtre, celle enregistrée par la PAF. Il fallait bien sûr que le nombre de passagers sur les deux listes soit identique. Comme j'étais la principale interlocutrice des avionneurs, j'ai fini par sympathiser avec plusieurs d'entre eux.

Ces relations privilégiées inquiètent mes chefs. Ils se demandent ce qu'on se raconte, les avionneurs et moi. Est-ce que je sais leurs petites magouilles, les billets d'avion gratuits délivrés aux flics galonnés, les caisses de champagne offertes au patron de la PAF ? Est-ce que je sais, alors que le stationnement est interdit devant l'aérogare, qu'Alain Bianchi a mis trois places de parking à disposition de compagnies aériennes africaines, en échange de billets d'avion gratuits ? Est-ce que je sais encore que son épouse, chaque vendredi, reçoit un panier de pâtisseries orientales ?

Eh oui, je le sais. Moi qu'on emmerde pour une histoire de badge qui ne me rapporte rien, je découvre tout ça avec un immense dégoût.

Il y a, affichée dans tous les bureaux, une note interdisant aux personnels de la PAF de bénéficier de la gratuité des billets ou de tout autre avantage sur n'importe quel vol. Cette note est signée Bianchi.

Bianchi. À Orly, ce n'est pas seulement le patron. Il règne en boulimique insatiable, couvert de cadeaux. Et lui, le vieux flic, trouve ça normal. En octobre 2007, il passe une semaine à Djerba, en Tunisie – un pays de « bougnoules » –, offerte par Tunis Air. Cadeaux et extras compris. Un an plus tard, c'est Air France qui l'envoie en première classe en Colombie avec sa famille. Il lui prend une envie soudaine de chasser ? Hop, un petit aller-retour dans la journée au Maroc, aux frais de la Royal Air Maroc. Et des policiers portent ses bagages.

Tout le monde le sait et tout le monde la ferme. Les flics se sont habitués au fait que leur patron est corrompu. Il n'a même pas besoin de nous menacer pour qu'on se taise. J'ai la nausée. J'ai l'impression de trahir mon uniforme et tout ce en quoi je crois.

Un autre exemple ? Celui-là est daté du 27 février 2008. Ce jour-là, il apprend que l'un de ses amis, gradé de l'IGPN, la police des polices, partira bientôt en vacances. Bianchi mobilise aussitôt ses troupes afin de lui réserver le meilleur accueil et lui faciliter autant que possible son départ. Il adresse même une note à son adjointe : « J'ai autorisé notre collègue J.-J. N., de l'IGPN, à stationner son véhicule de service du 12-03 au 25-03 devant l'hôtel de police. Il faudra le conduire, en utilisant sa propre voiture, avec son épouse et ses valises, à l'Ouest où il embarquera sur IBERIA, départ 20 h 30. Brigitte, peux-tu voir s'il serait possible de lui réserver des places en sortie de secours, surtout sur le trajet Madrid-Buenos-Aires ? »

Le contrôleur général directeur de la Police aux frontières d'Orly considère tout naturellement que ses agents sont à son service. Ainsi, il demande à des gradés de monter une commode au troisième étage de l'immeuble où sa fille vient d'emménager. L'un d'entre eux proteste. Résultat : il est muté à la police générale, en horaires décalés, c'est-à-dire en horaires nocturnes. Il y apprendra à se taire : la nuit porte conseil. En « Satrapie », le silence est la première des règles.

On s'en doute, les petits arrangements du directeur ne créent pas un climat propice à un épanouissement professionnel. On peut même dire que les passe-droits qu'il délivre aux uns et aux autres désorganisent complètement le service. Un jour, il rédige une note exigeant de ses agents qu'ils multiplient les amendes contre les compagnies qui ne respectent pas assez les règles de la sûreté aéroportuaire. Par exemple, pour le port d'un badge non visible de la part d'un agent d'escale, sa compagnie doit s'acquitter d'un PV de 750 euros. Les fonctionnaires exécutent et les amendes pleuvent. Air France se plaint auprès de Bianchi. Il pourrait quand même retenir ses troupes, c'est vrai, quoi ! Il ne peut pas d'une main accepter des billets d'avion gratuits pour les tropiques, et de l'autre verbaliser la compagnie ! Il convoque donc les responsables du service et les engueule copieusement : s'ils veulent faire du zèle, qu'ils choisissent donc une autre compagnie.

Ascension professionnelle et descente aux enfers

Je continue mon petit bonhomme de chemin malgré tout. Je ne suis plus ADS. Je suis adjoint administratif de 1re classe, après avoir réussi le concours.

Durant cette période, j'ai passé le concours de gardien de la paix et celui d'adjoint administratif de 1re classe. Je les ai obtenus sans trop de difficultés, même si l'oral du concours de gardien de la paix a pu me déstabiliser. À l'oral, je passe devant un jury de six personnes : quatre policiers, un commissaire et un psychologue. En moyenne, un oral dure vingt minutes. Le mien s'est éternisé. Il a fallu pas moins de cinquante minutes au jury pour se faire une idée de mon aptitude à être titularisée dans la police nationale.

« Cela ne vous fait pas mal au cœur d'expulser des gens en détresse ?

– Je ne suis pas indifférente à leur sort. Ce ne sont pas des délinquants, mais on applique la loi et je crois qu'on peut le faire avec humanité.

– Vous êtes en patrouille avec deux collègues, une vingtaine de jeunes Arabes et de Noirs caillassent votre véhicule, vous insultent et disent de vous que vous êtes une sale traître ?

– On m'a appris qu'un bon policier est un policier en vie. Donc, on quitte les lieux. Puis on appelle des renforts si le groupe ne s'est pas dispersé ou menace la sécurité des personnes et des biens. Mais excusez-moi, pourquoi devrais-je passer pour une traître aux yeux de ces jeunes ? Parce que tous ceux issus de l'immigration sont forcément des délinquants ? Je suis plus optimiste que vous, et je me dis que certains d'entre eux pourraient se féliciter que la police soit ouverte aux gens qui leur ressemblent. Je crois même que cela peut favoriser une prise de conscience chez eux et, pourquoi pas, susciter des vocations. »

Sourires. Je n'identifie pas la nature de ces sourires : condescendants ? approbateurs ? Le psychologue note quelque chose sur une feuille.

« Sihem, vous êtes née en Tunisie. Que pensez-vous de la politique du président Ben Ali ? Vous trouvez qu'on y respecte les droits de l'homme ? Vous aimez ce pays ? »

Je ne comprends pas l'intérêt de cette question. Je la trouve déplacée. Je ne demande pas un emploi à Monastir ou Tunis. Je postule en France.

« Oui, j'aime la Tunisie. Je sais qu'elle est critiquée à cause des droits de l'homme, mais je pense que le pays progresse tout de même. La Tunisie est en pleine zone conflictuelle, toute la région est une véritable poudrière et le président doit préserver l'intérêt de la nation, notamment contre la montée de l'islamisme.

– Et vous-même, vous êtes de confession musulmane ?

– Oui.

– Vous faites le ramadan ?

– Oui.

– Vous faites la prière ?

– Non. »

Ces questions m'agacent, mais je les accepte parce que je sais que depuis les attentats de 2001, les musulmans candidats à l'entrée dans la police sont soumis à un interrogatoire particulier. Cela ne me choque pas particulièrement.

« Est-ce que votre mère porte le voile ? »

Nous sommes dans l'après-2001. Les carnages de Madrid et de Londres sont encore dans toutes les têtes. Je comprends qu'on puisse m'interroger sur mon sentiment religieux. Mais ma mère, qu'est-ce que ma mère vient faire dans cette histoire ? Cette question m'agace. Parce que nous sommes musulmans, nous sommes forcément des adorateurs du Coran, du sabre et de la bombe ? J'ai grandi dans la banlieue parisienne. J'ai transpiré sur les bancs des écoles publiques, laïques et républicaines. Mes copains de classe s'appelaient Pierre, Alexandre, Hugo, Abdel ou Mamadou. Je pourrais répondre que si le texte sacré ne change pas, son interprétation, elle, dépend d'abord de ce que je suis. C'est à travers mon éducation française, ma culture française, ma nationalité française que je comprends la religion musulmane. Je pourrais leur dire que je suis croyante, parce que j'aime bien l'idée de Dieu, même si je déteste ce que les hommes font parfois de cette merveilleuse idée. Si ma famille était d'origine bretonne, me demanderait-on si ma mère porte une coiffe ? Mais comme ce n'est ni le moment ni l'endroit, je n'ouvre pas le débat.

À l'oral du concours d'adjoint administratif, l'interrogation portait uniquement sur mes compétences techniques. Cela m'a réconciliée avec les jurys des concours de police !

Au final, je choisis la filière administrative.

Et je suis reçue.

Me voilà de retour à Orly. Nous sommes en décembre 2008. Je suis affectée à la police générale (PG) de l'aéroport. Le service est complètement désorganisé. Pour être claire, c'est le bordel : mutations répétées des titulaires, une chef de bureau en mi-temps thérapeutique et des dossiers qui s'empilent les uns sur les autres. Je me suis formée aux tâches de police générale seule ou presque, une ancienne du service affectée au bureau des contraventions venait m'épauler précieusement de temps en temps. Assise, je disparais derrière cette pile qui menace de s'écrouler chaque fois que la porte claque. Une montagne de paperasses, de procédures en attente d'enregistrement et de plaintes non encore transmises aux services du procureur de Créteil. Je me retrousse les manches : à chacun son Everest. Petit à petit, la pile diminue : elle ne me bouche plus l'horizon.

Les premiers jours, je me demande si cette affectation n'est pas un genre de punition. Une manœuvre pour me prendre à défaut. Un coup de vice, pour m'emmerder. Paranoïa ? Non. Je connais la maison : c'est bien le genre du patron de faire un truc comme ça. D'ailleurs, la rumeur confirme qu'il m'a à l'œil et qu'il entend bien qu'on ne me fasse aucun cadeau. Je ne proteste pas. Je bosse.

Bianchi convoque à plusieurs reprises le commissaire principal, qui est mon supérieur. Il lui reproche sa mansuétude à mon égard. Il voudrait qu'on me mène la vie dure. Qu'on me saque. Le commissaire est un homme honnête et ne se laisse ni démonter ni impressionner par le patron. Il me défend tranquillement, sans jamais défaillir. Il n'a que des éloges à faire de mon travail ; alors, dit-il, pourquoi irait-il me chercher des poux dans la tête ? Après tout, il ne m'a pas choisie pour son service, on lui a imposé mon affectation. Il écrit même tout le bien qu'il pense de moi dans ma fiche de notation de 2009.

« Fonctionnaire possédant des capacités et des qualités professionnelles certaines malgré son peu d'ancienneté dans le grade ; n'a pas pu lors de son passage à la division de sécurité générale exploiter pleinement ce potentiel à cause d'une situation conflictuelle avec une partie de la hiérarchie ; toutefois, au cours de cette période, et malgré cela elle a accompli très correctement les tâches qui lui ont été confiées. »

Ce commissaire en a dans le pantalon : un tel commentaire est un véritable affront pour Bianchi. Une gifle qui vaut au chef de la police générale une lettre de mise en garde du directeur, dans laquelle il lui est spécifié qu'il « gère mal ses effectifs et qu'il lui est désormais interdit d'utiliser la salle de sport durant son temps de pause ».

D'un harcèlement à l'autre. Vient encore mon tour.

Un couple de petites vieilles qui marchent à pas inquiets et hésitants comme tous les vieillards pour qui le monde est devenu beaucoup trop grand, beaucoup trop bruyant, beaucoup trop rapide. L'une, les rides taillées jusqu'à l'os, doit avoir 80 ans. L'autre, toute chiffonnée, a l'air aussi vieille que le premier péché de l'humanité. Elle tremble et vacille. Elles ont l'air complètement perdues et ne parlent pas le français. Je propose de les accompagner jusqu'à leur salle d'embarquement. Elles me sourient, rassurées, et ce sourire des deux petites mamies égarées me fait des chatouillis à l'âme. J'informe le brigadier-chef, qui me donne son accord sans hésiter un seul instant. C'est une pratique assez courante à la PAF : quand le service le permet, il se peut que les agents facilitent les formalités d'embarquement d'une femme enceinte, d'une personne handicapée et même d'un ami ou d'une relation. Ça ne dérange personne, et ça ne fait pas de mal.

Me voilà partie avec mes deux petites vieilles, l'une à ma droite, l'autre à ma gauche, jusqu'au contrôle des bagages. On double la file d'attente des passagers qui s'écartent naturellement et sans protester. Les mamies passent, et les voilà dans la salle d'embarquement : je leur fais un signe de la main. « Au revoir ! Bon voyage ! »

Un mois plus tard, je reçois une convocation à une audition administrative. Qu'est-ce que j'ai encore fait ? Renseignements pris, je dois cette convocation à Bianchi qui a demandé au commandant en charge de la compagnie d'intervention polyvalente (CIP) de me recevoir. Je me gratte la tête : pourquoi ?

Le commandant me reçoit. Il m'explique très calmement ce qu'on me reproche : d'avoir outrepassé mes droits pour aider deux passagers à embarquer plus rapidement. Les petites vieilles ! On me reproche les deux petites vieilles ! Je n'en reviens pas. Le commandant non plus d'ailleurs, qui dit tout cela sans aucune conviction ni agressivité.

Alors je craque. Je vide mon sac. Les deux petites vieilles ? Oui, je les ai accompagnées. Et alors ? Si c'était à refaire, je le referais. Et que Bianchi aille se faire foutre ! Et lui alors, complètement corrompu, acheté pour une poignée de billets d'avion et quelques caisses de champagne, on ne lui dit rien ? Merci patron, quand il nous fait l'aumône d'une bouteille, c'est tout ? Qu'il se comporte comme un petit tyran de pacotille, ça ne choque personne ? Que des flics lui portent ses bagages et déménagent les meubles de sa fille, on trouve ça normal ? Qu'il mute des agents, en casse d'autres, menace et terrorise tout le monde, on s'en fout ? Comment l'arrêter, lui ? Comment lui faire payer tous ces tripotages, toutes ces combines ?

Le commandant est gris cendre. Tout cela, il le sait. Tout le monde le sait. Bianchi étale ses magouilles de parvenu sans aucune retenue, avec obscénité. Le commandant est un vieux sage : il me conseille gentiment de penser à moi et de trouver un arrangement avec le patron. Si je ne pense pas à moi, que je pense au moins à ma fille, que je sauve mon boulot et mon salaire, au moins pour elle.

Quelle situation ! Le grand patron de la PAF veut ma peau de petite flic de base, parce que je garde les yeux ouverts et que je ne tiens pas ma langue ! C'est devenu une histoire personnelle et complètement irrationnelle. La machine à broyer va m'écraser.

Une semaine plus tard, Bianchi me reçoit avec son adjointe. Moi, je suis accompagnée par le commandant du service de la police générale. On m'a déconseillé de me présenter assistée par un syndicaliste.

Bianchi me regarde avec des yeux enflammés. Il attaque, sans préambule.

« Vous savez que c'est illégal d'utiliser son badge à des fins personnelles ?

– Il n'y a rien de personnel. J'ai simplement aidé deux personnes âgées, je ne crois pas que ce soit illégal. Et d'ailleurs tous les collègues de la PAF le font.

– Mais vous vous êtes fait prendre ! Quand vous brûlez un feu rouge et que vous êtes pris, vous ne dites pas que d'autres le font aussi. »

Tout cela ne mène à rien. Ça ne remue rien. La merde reste bien accrochée. On se tourne autour en grognant, sans oser mordre.

«Je m'étonne simplement que depuis mon témoignage à l'IGS pour dénoncer l'homophobie, je suis passée du statut de la fonctionnaire exemplaire à celui de l'incompétente doublée d'une fraudeuse.

– Vous dites n'importe quoi. On ne vous reproche pas une faute professionnelle mais une erreur due à votre bon cœur. Je vous le dis et vous le répète, nous ne sommes pas des assistantes sociales... »

J'en ai marre de l'entendre, marre de ses pressions qui me laissent indifférente. Marre de cette guerre d'usure. Je ne veux plus faire semblant, j'ai fait ça trop longtemps. J'en ai assez. Je mords la première.

«Je crois en réalité que vous me persécutez parce que je suis d'origine maghrébine. Vous me reprochez des faits qui seraient illégaux ? C'est l'hôpital qui se fout de la charité ! Je suis au courant de toutes vos combines avec les compagnies aériennes que vous protégez des amendes. Et j'ai des preuves ! »

Il y a un certain point dans l'adversité, au-delà duquel on se détache. L'angoisse et la crainte sont dépassées. J'en suis là. Je ne ressens plus que l'absurdité irrémédiable de cette situation. Je trouve la tête de Bianchi absurde et comique. Ce que je viens de lui dire a l'effet d'un uppercut à l'estomac. Il en a le souffle coupé. Il sait que je sais, que tout le monde connaît ses petits arrangements, mais il veut sauver les apparences. Comme si les choses non dites n'existaient pas !

« Mêlez-vous de vos affaires ! Personne n'est arrivé à me faire du tort ! Des commissaires ont essayé et n'y sont pas parvenus, alors ce n'est pas une petite ajointe administrative qui va me faire peur ! »

Il parle en rafales. Il ne me touche pas. Il est furieux. Il hurle sa colère comme on décharge une mitraillette.

« Je peux vous faire virer d'un simple coup de fil. Vous serez convoquée ultérieurement pour qu'on vous notifie votre sanction. Sachez d'ores et déjà que ce ne sera pas en dessous d'un blâme. Vous servirez d'exemple ! Sortez ! »

Dans le couloir, le commandant qui m'accompagne me prend par le bras. Néophyte dans nos services, il s'est trouvé choqué. À la fois par mon courage à tenir tête au patron et par son lot de révélations !

Il rigole franchement.

« Bon Dieu, ça fait vingt ans que je suis dans la police ! Vingt ans ! J'ai servi un peu partout sur le continent et en Corse. Merde alors, je croyais avoir tout vu, tout entendu. Mais alors là, c'est la première fois que j'assiste à un merdier pareil ! »

Le lendemain de l'entretien, Alain Bianchi rédige une note de service, une de plus, mettant en garde les agents de la PAF contre l'utilisation du badge professionnel à des fins personnelles quant à l'accès aux zones réservées.

Je m'en sors bien. Pour l'instant.

Quelques jours passent. Toute la journée à remuer de la paperasse. Des journées de paperasse. Le travail, finalement, est un refuge dans lequel les mesquineries ne pénètrent pas. Je suis à l'abri dans mon travail. Alors, un beau jour, on m'en sort. C'est le commissaire principal, le patron de la police générale dont je dépends, qui m'appelle dans son bureau. Je ne m'inquiète pas. C'est un type sympa, père de deux enfants, et toujours d'humeur égale, à l'allure joviale et à l'accent méridional. Il tranche dans cet univers feutré rempli de peaux de banane. Il a été muté à la PAF en septembre 2008, arrivant tout droit d'Aix-en-Provence. Du chant des cigales aux hurlements des réacteurs, ça le change ! Un mois à peine après son arrivée, il a réclamé une nouvelle mutation, et si possible à son ancien poste, dans le Midi. Six mois plus tard, il est toujours là, à se morfondre d'être « chez les fous », mais sans perdre de sa belle humeur. Les agents l'aiment bien, il est aussi très compétent. Pourtant, il a sa tête des mauvais jours.

Il m'apprend que je suis convoquée le même jour à 15 heures, rue des Saussaies, à l'Inspection générale des services de la police nationale (IGPN). Il m'explique qu'une lettre anonyme a été envoyée à Jean-Yves Topin, le directeur central de la Police aux frontières (DCPAF), le supérieur hiérarchique d'Alain Bianchi. Cette lettre énumère toutes les combines du patron de la PAF d'Orly, sans rien oublier. Le DCPAF aurait pu déchirer ce courrier en mille petits morceaux mais, surprise, il a plutôt décidé de saisir la police des polices. Le commissaire ajoute que Bianchi m'accuse, avec d'autres, d'être le corbeau.

Il se trompe. La dénonciation anonyme est une manœuvre pour âmes veules. Si je voulais le dénoncer, je le ferais sur la place publique. Je signerais la lettre. Question de style. D'ailleurs, lorsqu'elle sera auditionnée dans le cadre de cette affaire, c'est ce que dira la numéro trois de la PAF qui, pourtant, c'est le moins que l'on puisse dire, ne me porte pas dans son cœur. Le commissaire ajoute que l'IGPN convoque tous ceux qui, d'une façon ou d'une autre, un jour ou l'autre, ont été en conflit avec Bianchi. Je rigole doucement : les ennemis de Bianchi ne se comptent plus, et rue des Saussaies il doit y avoir la queue jusque sur le trottoir.

Le commissaire se lève et marche de long en large, l'air gêné. Il regarde par la fenêtre, comme s'il allait y trouver ce qu'il doit me dire.

« J'ai un message à vous transmettre de la part de M. Bianchi. Il m'a demandé de vous ordonner de ne pas parler aux fonctionnaires de l'IGPN. Vous devez dire que vous ne savez rien. Dans le cas où vous parleriez, il vous fera traduire devant le conseil de discipline pour cette histoire d'utilisation de votre badge à des fins personnelles. Monsieur Bianchi veut que vous vous rappeliez qu'il ne lui reste que deux ans avant sa retraite, mais que votre carrière n'en est qu'à ses débuts et qu'il se promet d'avoir votre peau dans le cas où vous diriez ce que vous savez. »

Je n'en crois pas mes oreilles. Je suis à Orly, pas en Sicile. L'homme en face de moi est un commissaire de police, pas *il consigliere* de je ne sais quelle famille mafieuse. Et son chef, au nom de qui il parle, est le patron de la Police aux frontières d'Orly, chevalier de la Légion d'honneur, pas un parrain à la Don Corleone. Cette intimidation de la part de Bianchi est une vraie méthode de voyous. De la belle corruption, bien authentique, bien pourrie, bien grasse.

C'est l'un des trois chauffeurs d'Alain Bianchi qui me conduit au ministère de l'Intérieur. Un petit bonhomme avec un sourire grand comme ça. Il ne faut pas s'y fier. J'essaie de me faire toute petite pour qu'il m'oublie. Sans succès.

« Tu peux me croire : celui qui a dénoncé le patron va passer un sale quart d'heure ! Il va avoir de graves problèmes ! Faut être con pour balancer le contrôleur général et espérer ne pas y laisser ses plumes. »

Un long couloir, et puis un autre encore. Des portes fermées. Des gens qui vont à leurs affaires, graves et soucieux. Un ascenseur. Troisième étage de la rue des Saussaies. L'étage de la police des polices, les « bœuf-carottes », c'est leur surnom. Un bureau où on me laisse mijoter trente longues minutes avec cette désagréable impression d'être épiée.

Arrive un homme d'une soixantaine d'années, le cheveu gris bien taillé et un bon regard, bien franc, bien honnête et des yeux très doux. Il s'excuse de m'avoir fait attendre et se présente : il est le directeur adjoint de l'IGPN. Pas moins ! Qu'un personnage d'une telle importance prenne la peine de me recevoir et de m'écouter prouve que l'affaire de la lettre anonyme n'est pas prise à la légère. Je me sens soulagée et fatiguée à la fois. Est-il possible qu'enfin la vérité soit entendue et que la malhonnêteté soit punie ? Je n'y croyais plus. À l'IGS, on avait tenté de me dissuader de témoigner pour préserver la bonne marche d'un service. On n'allait tout de même pas donner un coup de pied dans la fourmilière à cause de deux gouines et remettre en cause un système où les plus malins se goinfrent tranquillement ! Ici, au contraire, le directeur adjoint de l'IGPN m'encourage à parler. Un commandant tape ma déposition.

Le directeur adjoint fouille dans une chemise en carton, en extrait un papier qu'il commence à lire en scrutant la moindre de mes réactions, le plus petit geste qui pourrait trahir mes sentiments. Je comprends aussitôt qu'il s'agit de la fameuse lettre anonyme.

« Le contrôleur général Alain Bianchi fait pression sur les compagnies pour avoir des billets gratuits. Trouvez-vous cela normal ? »

Il me tend le papier pour que je continue la lecture.

« [...] des dessous-de-table en liquide sont régulièrement déposés sur le compte de M. Bianchi par ses chauffeurs, il use de la menace pour profiter de voyages aux frais de la princesse, à sa famille et ses amis également, il truque les statistiques des refoulés à la frontière afin d'atteindre un certain quota quitte à abîmer des passeports valides pour faire croire à une fraude, il reçoit régulièrement des caisses de champagne et des boîtes de chocolats de marque... »

Je m'interromps et les regarde : visages de marbre. Que pensent-ils de cette lettre ? Sont-ils, comme quoi, dégoûtés par ce que je viens de lire ?

« Êtes-vous l'auteure de cette lettre ? »

C'est le directeur adjoint qui pose cette question d'une voix neutre. Le commandant attend aussi ma réponse, ses deux mains en vol stationnaire au-dessus du clavier.

« Non. Mais beaucoup de choses écrites sont vraies. Je peux vous donner des détails et même des preuves. Mais est-ce nécessaire ? Ça ne servira à rien. C'est la lutte du pot de terre contre le pot de fer... »

Tic-tac sur le clavier. Silence. Le commissaire divisionnaire se penche vers moi, attentif. Il me reprend la lettre qu'il tient entre deux doigts, à une distance respectable de lui, comme si elle pouvait le tacher. Il parle si doucement que je me penche aussi pour l'entendre.

« Que voulez-vous dire ? Il n'y a pas de pot de terre et de pot de fer. Cette lettre aurait pu finir à la poubelle. Ce n'est pas le cas. Maintenant elle est là (il l'agite un instant entre nos deux visages), et je la prends très au sérieux. »

Est-ce que je peux lui faire confiance ? Il me regarde droit dans les yeux, comme s'il me fouillait jusqu'au plus profond de l'âme. Ses yeux me disent que c'est un homme bien.

« Peut-être. Mais ce matin encore, j'ai été victime d'un chantage de la part de M. Bianchi. »

Je raconte le commissaire de mon service, le chauffeur. Je dis mes précédentes convocations, les engueulades, les menaces, les deux petites vieilles, Ève et Nadia, les insultes. Je vide mon sac. Je vide le seau jusqu'à la boue nauséabonde du fond. Le clavier du commandant crépite.

Je me tais. Silence stupéfait des deux hauts gradés de la police. Le directeur adjoint fait une grimace qu'il efface en se passant la main sur le visage avant de reprendre l'interrogatoire. On me demande des preuves pour étayer les accusations contenues dans la lettre. Lorsque j'en ai, je les donne. Je déballe tout : les noms des responsables des compagnies aériennes qui arrosent Bianchi, les dates de ses principaux voyages dont j'ai eu connaissance et les dates des livraisons des caisses de champagne. C'est facile : il m'est arrivé plusieurs fois de signer les bons. Je précise également comment Bianchi « achetait » ses billets à une compagnie française : il annulait les amendes dont elle était frappée. Un beau cadeau : un avionneur qui transporte un sans-papiers jusqu'à Orly est passible d'une contravention de 5 000 euros si le clandestin est majeur, et de 10 000 euros s'il est mineur. À ce tarif, l'économie n'est pas négligeable.

Je fais une pause, bienvenue pour tout le monde. J'ai besoin de boire un verre d'eau. Mes interlocuteurs ont besoin de digérer ce qu'ils viennent d'apprendre. Ils ne savent pas tout mais, bonne fille, je leur laisse encore quelques minutes pour récupérer. Le directeur adjoint ouvre la fenêtre pour changer l'air de son bureau, chargé des miasmes nauséabonds que j'ai rapportés d'Orly. Je continue en leur détaillant une dernière magouille. Une escroquerie aux excédents de bagages. L'auteur en est le fils d'un des obligés de Bianchi. Un petit malin. Sa combine était très simple : il usurpait la signature et les codes des agents d'escale afin de récupérer les montants exigés. Des passagers ont fini par porter plainte. Mais Bianchi a ordonné à l'officier de police judiciaire (OPJ) chargé de l'enquête de classer l'affaire. Aux oubliettes. Un enterrement de première classe avant même qu'elle arrive sur le bureau du procureur de la République. L'OPJ, qui ne supportait pas ces méthodes, m'a fait une copie de la procédure. Je l'ai sous les yeux en écrivant ces lignes.

Il est 19 heures. L'audition est terminée. Elle a duré quatre heures. Le directeur adjoint et le commandant ont l'air d'avoir pris dix ans. À cet instant, pour cette mine-là, je les ai aimés. Je veux dire respectés. Le directeur adjoint de l'IGPN me remercie pour ma franchise et m'incite à reprendre contact avec ses services en cas de conséquences fâcheuses pour moi à mon retour à la PAF d'Orly. J'étais vraiment heureuse de rencontrer des fonctionnaires fiables et droits.

Vers le limogeage du patron de la Police aux frontières

Le chauffeur de Bianchi fait la gueule. Cela fait quatre heures qu'il m'attend. Il se doute bien que, pendant tout ce temps, j'ai dû balancer des poubelles entières sur la tête de son patron. Il conduit muré dans un mutisme boudeur, m'épiant du coin de l'œil. Il me fait presque de la peine. Comme bien d'autres fonctionnaires, toute sa conscience est fondée sur le respect de l'autorité que des années d'obéissance ont presque sanctifiée. Le chef a toujours raison et, si le chef vacille, le monde s'écroule. Contester l'autorité, c'est blasphémer.

À 20 heures, je suis à la maison, où ma fille et mon mari m'attendent. La petite me raconte sa journée. Elle a 7 ans, elle est en CE2. Elle est un peu contrariée parce que ce soir, contrairement à notre habitude, nous n'avons pas fait ses devoirs ensemble. Quand elle dort enfin, mon mari prend des nouvelles de l'audition à l'IGPN. Depuis que je suis à la police des frontières, il me soutient. Je souffre : il souffre. Je me bats : il se bat. Avec la même énergie. Mais je sens que, depuis quelques jours, il en a ras le bol de cette histoire. Il ne m'a rien dit, pas encore, mais je le devine à travers mille petits détails. Une mimique imperceptible, une ombre sur son visage, le front qui se plisse, soudain soucieux, un geste d'impatience... Comment pourrais-je lui en vouloir ? Mon combat est devenu une obsession envahissante. Je ne vis plus que pour le gagner. Parce que je ne veux pas que ma fille, plus tard, subisse la même chose. Cette idée qu'on puisse l'insulter ou lui faire du mal pour ce qu'elle est me brûle les tripes et me donne envie de hurler.

Lendemain de l'audition. Le patron de la police générale demande à me voir pour un entretien. On se voit dans son bureau. On parle de l'IGPN, de ce que j'ai dit et de ce qu'il devrait dire. Il m'écoute sans rien dire. J'essaie de le convaincre de ne plus couvrir Alain Bianchi, parce que je sais qu'il est honnête et que les agissements du patron de la PAF le révulsent autant que moi. Le silence n'est pas suffisant. Il faut le dénoncer.

Le commissaire m'avoue que Bianchi le tient : il lui a promis de lui faciliter sa mutation dans le sud de la France et de jeter au panier sa lettre de mise en garde l'accusant d'une « mauvaise gestion » de ses effectifs complètement bidon. Du chantage, encore. Du Bianchi dans toute sa splendeur : coups bas et menaces. Je le connais tellement ! Tantôt méprisant et arrogant, tantôt charmeur et souriant. Il séduit ou il frappe, peu importe pourvu qu'il arrive à ses fins. Il est sans scrupule et rien ne l'arrête. C'est ce que je dis au commissaire, qui hoche la tête en silence. Il nous tient par une espèce de mélange malsain de terreur et de respect. Il est le grand patron, le maître de nos destins. D'un trait de plume ou d'un mouvement d'humeur, il peut briser notre carrière ou la promouvoir. Et la justice ? Le mérite ? Il s'en contrefout, parce que ça ne rapporte pas assez. La justice, ça vaut combien de billets d'avion ? Et le mérite, combien de bouteilles de champagne ? Nous, on est des gagne-petit, des besogneux et tout ce qu'on peut lui offrir, c'est notre travail. Ça ne lui paye pas des vacances sous les cocotiers.

Le commissaire est ébranlé. Je lui rappelle combien Bianchi est méprisé dans le service, au moins autant qu'il nous méprise. Davantage, même : c'est la revanche des petits. Tout ce qu'on raconte sur lui lorsqu'on est sûrs qu'une oreille indiscrète ne traîne pas dans les couloirs.

« Et puis vous voyez bien comment on m'a accueillie dans le service, depuis qu'on sait que j'ai vu les "bœuf-carottes"... »

Personne ne sait ce que j'ai dit à l'IGPN, mis à part le commissaire dont je dépends. Mais les yeux qui se posent sur moi ont du mal à cacher un espoir qui n'en peut plus d'attendre. Cette fois, l'IGPN met son nez dans le marigot de la PAF d'Orly, et elle se pince le nez : ça pue comme un panier de sardines en décomposition. En quelques jours, la situation s'inverse et les langues se délient. C'est à qui racontera l'anecdote la plus croustillante sur le patron.

Rue des Saussaies, c'est le défilé des flics de la PAF, et tous accablent Bianchi. La curée. L'hallali. Tout le monde jette sa pierre sur Bianchi, y compris ceux qui, hier encore, espéraient qu'il les distingue ou ceux, fidèles parmi les fidèles, qui profitaient du système vérolé qu'il avait instauré. Du jour au lendemain, on accuse Bianchi de tous les maux de la terre. Je suis partagée : je n'ai aucune considération pour lui, et je n'ai vraiment pas envie de le plaindre. Il n'a que ce qu'il mérite. D'un autre côté, je déteste cette lapidation sans gloire ni courage.

L'affaire parvient aux oreilles du *Canard enchaîné*. Pour les journalistes, les flics sont traditionnellement des bons clients. Ils sont sur la piste de Bianchi et publient un article où il est confirmé, malgré ses dénégations, que l'IGPN intente une procédure contre lui. Ce papier du *Canard*, particulièrement bien informé, n'épargne pas la PAF. Tout, ou presque, y est révélé. Le scandale est public et cette fois le ministère de l'Intérieur est obligé de sévir. Le jour de la parution, le 15 avril 2009, une note interne essaie de sauver les apparences et nous informe qu'Alain Bianchi quitte le service pour une durée de quinze jours. À Orly, on hésite encore à crier victoire. La très grande majorité des fonctionnaires prônent l'extrême prudence : Bianchi, selon eux, est un vieux renard qui s'en sort toujours. Il sera de retour dans quinze jours et les têtes rouleront. Il aura la peau de tous ceux qui ont eu l'insolence de l'affronter.

Bianchi, lui, sait qu'il a perdu. La veille de la parution du *Canard enchaîné*, il a quitté son bureau sans faire plus de bruit qu'un filet de fumée, en rasant les murs, et sans même prendre le temps d'entasser ses affaires dans des cartons. Il est parti petitement, sans panache, la honte aux trousses. Quinze jours plus tard, une deuxième note nous informe qu'il est mis fin aux fonctions du directeur de la Police aux frontières. C'est un immense soulagement d'un bureau à l'autre où quelques volontaires font la collecte : 5 euros par personne pour déboucher le champagne et fêter le départ du petit tyran. Pourtant, la joie n'est pas complète : la même note nous précise que Bianchi sera remplacé provisoirement par la numéro deux de la PAF. Elle assurera, nous dit-on, l'intérim en attendant une nouvelle nomination. Personne n'y croit, à ce provisoire. D'ailleurs, elle s'attachera tant et si bien à son fauteuil qu'elle l'occupe aujourd'hui encore. Pour moi, malgré les félicitations et les remerciements qui m'arrivent tous les jours, cette nomination de l'ancienne adjointe de Bianchi n'est pas vraiment une bonne nouvelle. C'est même plutôt un sale coup.

Les magouilles continuent.
Le racisme aussi

L'épisode Bianchi terminé, ma cote de popularité monte en flèche auprès de mes collègues. Je suis celle qui a déboulonné la statue. Autant dire la vérité : ce nouveau statut ne me déplaît pas. D'abord parce qu'il correspond parfaitement à cette envie que j'ai de défendre le plus faible. Ensuite, parce que je préfère qu'on me regarde avec une petite lueur d'envie et de respect, et même d'admiration, qu'avec mépris. Du coup, c'est dans mon bureau que les collègues viennent se plaindre. Je suis au courant de tout, car on me fait davantage confiance qu'aux syndicats. Ils font pourtant correctement leur travail, mais j'ai la réputation d'être une fonceuse, complètement libre de toute attache et que rien n'impressionne.

C'est ainsi que, un matin, une jeune policière de l'unité judiciaire de la police générale me parle d'un flic de la brigade anticriminalité (BAC). Je le connais de vue : une grande gueule, une carrure de taureau et un comportement de brute. Il y a tout un tas de rumeurs qui circulent à son sujet. Des rumeurs, rien de plus. Il a la réputation de s'acharner sur les pauvres types sans défense qui débarquent d'un avion sans même connaître notre langue, dans l'unique but d'accroître les statistiques. Cette brute est un champion des additions et des multiplications de bâtons. 10 + 10, 20. 20 × 5, 100. 100 + 50, 150... Je sais aussi que ses procédures sont bâclées et donc régulièrement cassées. La brute est en réalité un spécialiste des soustractions : son incompétence fait baisser la moyenne... Enfin bref, nous sommes quelques-uns à l'avoir à l'œil. Et quand on découvre le petit manège que dissimule son zèle, on se frotte les yeux : au sein même d'Orly, ce flic a mis sur pied un trafic de matériel électronique. Pourquoi se gêner ? Deux fois par semaine, le lundi et le jeudi, une fourgonnette l'approvisionne. Elle stationne là où c'est interdit, devant l'une des entrées de l'aéroport, les fournitures sont débarquées et stockées dans un local appartenant à une compagnie aérienne, dont les représentants profitent de l'aubaine. Les cartons s'entassent le long des murs, parfois jusqu'à une hauteur impressionnante.

Un jour, je surprends la brute en train de s'en prendre à un sans-papiers. Il le fait comme à son habitude : en outrepassant ses droits et en abusant de son pouvoir. J'ai toujours pensé que le racisme n'expliquait pas à lui seul le comportement de ce genre d'individu. Je crois qu'ils éprouvent une espèce de plaisir pervers à s'acharner ainsi sur quelqu'un à leur merci. Il doit être conforté dans sa virilité en écrasant les autres. Si c'est un « nègre » ou un « bougnoule », ça ajoute au plaisir. C'est à ça que je pense quand j'arrive à lui glisser un mot :

« Tu devrais te contenter d'appliquer le règlement et ne pas en rajouter. Applique la loi et évite les mauvais traitements, même pour les sans-papiers. »

Il me toise, de haut en bas, feignant la surprise de me découvrir là. Il me passe au laser, il me déshabille du regard ostensiblement pour bien me montrer sa double supériorité : celle du mâle, et celle du Français de souche.

« Pour qui tu te prends, Sihem ? Je t'emmerde.

– Tu as tort. Je connais tes combines foireuses et ton business minable. J'en sais assez pour qu'on te foute dehors à coups de pied au cul. »

Il rigole. Sa façon d'exprimer tout son mépris. Il penche sa grande carcasse jusqu'à ce que je sente son haleine tabagique :

« Tu ne peux rien contre moi. Je suis protégé. La numéro deux jettera ton rapport à la poubelle.

– Mais qui te dit que c'est à elle que je vais envoyer un rapport ? »

Et je le plante là. Je sens ses yeux plantés dans mon dos, comme deux poignards. Mais c'est moi qui vais le planter. Le 27 mars 2009, j'envoie mon rapport au directeur général de la Police aux frontières. À l'époque, c'est encore Bianchi.

« Monsieur,

« Je viens à vous afin que vous réagissiez face à des comportements illicites et indignes d'un fonctionnaire de police. X a mis en place tout un réseau de produits électroniques tels que le recel des écrans plats dernière génération, téléphones portables, ou encore parfums et j'en passe [...] Tout cela se fait à la vue des personnels qui travaillent sur la plateforme aéroportuaire et cela dure depuis plus de deux ans. De plus, il négocie avec plusieurs compagnies aériennes pour la vente de ces objets [...] Ces objets sont revendus à certains employés des compagnies [...] La hiérarchie est au courant de tout cela et ferme les yeux. Vous savez pertinemment que si c'était une personne d'origine étrangère qui avait agi de la sorte, il y aurait longtemps que les sanctions seraient tombées [...] Je tiens à vous informer qu'avant de rédiger ce rapport, j'en ai parlé avec le principal concerné, lui faisant part de mon indignation. Il m'a rétorqué que la numéro deux de la Police aux frontières était au courant de tout cela et qu'elle le protégeait [...] Enfin, je me permets de vous rappeler que celui-ci se permet de mettre en garde à vue des personnes, de priver de leur liberté individuelle des individus totalement innocents, tout cela dans le seul but de montrer qu'il fait de l'activité, c'est-à-dire du chiffre.»

Ce rapport a l'effet d'un coup de tonnerre et sème la panique à la direction. Bianchi est déjà dans le collimateur. Les enquêteurs de l'IGPN et ceux de la presse grouillent tout autour de son bureau. Il ne manquerait plus que cette nouvelle affaire se retourne contre lui. Je le soupçonne aussi de voir là l'occasion de blanchir un peu son image crasseuse. Il décide que la BAC d'Orly sera supprimée. Bianchi est mis en congé d'office et la numéro deux, qui lui succède, refuse d'entériner cette décision. La BAC n'est pas supprimée. Le ripou avait raison !

Je devrais le savoir, pourtant : les règlements existent, mais cela ne veut pas dire qu'ils sont appliqués. Tout le truc, au contraire, c'est de les violer. Il y a ce que je pourrais définir comme deux types différents de violation de la loi. Le premier, c'est celui dont je viens de parler : on contourne les règles à des fins d'enrichissement personnel. Les songe-creux vendent des télés. Les ambitieux font le tour du monde. L'autre violation est plus grave. Elle touche directement les personnes et les atteint dans ce qu'elles ont de plus cher : leur identité. Elles sont bafouées, reniées, méprisées, insultées pour ce qu'elles sont.

Une circulaire de septembre 1967 rédigée par le ministre de la Fonction publique organise les autorisations d'absence pour les fêtes religieuses. La note est claire : « [...] il appartient aux chefs de service d'accorder aux agents qui désirent participer aux cérémonies et célébrer les principales fêtes propres à leur confession les autorisations d'absence nécessaires. »

Cette note a plus de quarante ans. Et depuis plus de quarante ans, la direction administrative de la police fait consciencieusement suivre à chaque service le calendrier des fêtes religieuses propres à chaque culte.

À la police des frontières d'Orly, on ne sent pas véritablement concerné par cette note. Tout le monde, de Bianchi au simple chef de service, semble n'y attacher aucune importance. C'est du moins l'impression que leurs décisions donnent lorsqu'il s'agit des fêtes musulmanes.

Un exemple : en 2008, un officier sans problème et plutôt bien noté pose une demande d'absence exceptionnelle pour la fête de l'Aïd-el-Fitr qui clôt la période du ramadan. C'est pour nous, Français de confession musulmane, une fête très importante qui réunit la famille et les amis autour d'un banquet. L'officier fait sa demande par écrit, en suivant la voie hiérarchique habituelle : sa lettre va remonter tous les échelons et à chaque étape l'un de ses supérieurs l'annotera.

Au premier échelon, son supérieur direct lui refuse ce jour de congé et exige qu'il soit décompté de ses congés annuels. Première infraction.

La numéro trois de la PAF, elle, a failli s'étouffer en lisant cette demande. Elle raye la lettre d'un commentaire sans équivoque : « Les bras m'en tombent. Avis défavorable. »

La numéro deux est plus laconique. Elle se contente d'approuver ce qui précède par un *« Idem »*.

Alain Bianchi approuve ses subordonnés et ajoute que cette journée exceptionnelle prévue par la loi est à « prendre sur les droits à congé et bien vouloir rappeler à ce monsieur que la République française, et donc sa police, est laïque... ». Peut-on être plus méprisant ?

La même réponse est faite à tous les agents qui souhaitent fêter l'Aïd-el-Fitr. Les « bougnoules » font ce qu'ils veulent avec leurs salamalecs religieux, mais chez eux.

Aujourd'hui, ce capitaine de police de confession musulmane est retraité de la police nationale. Mais il est toujours actif au sein de la réserve civile du ministère de l'Intérieur. Il a passé presque quatre décennies dans la police. La discrimination, il sait ce que c'est. Il en a même fait un genre d'inventaire.

« Annulation pure et simple par la Police aux frontières d'Orly de toutes mes journées de récupération accumulées durant toute ma carrière au sein de la police nationale et validées par tous les services successifs dans lesquels j'ai exercé durant trente-six ans. Un Français de souche, de même grade et occupant le même poste à responsabilités que moi, a pu bénéficier, lui, de ses huit cents heures de récupération sans aucune difficulté.

« En cas de mariage, le fonctionnaire a droit à cinq jours d'absence exceptionnelle. À l'occasion de mon mariage, le 28 décembre 2007, puis de mon voyage de noces qui a suivi, ma demande a été rejetée pour cause de "demande tardive" alors que j'étais dans les délais. »

Cet officier n'est pas le seul à n'en plus pouvoir. De plus en plus de collègues en ont assez de courber l'échine et de se taire sous l'insulte. Pendant les pauses, on vide son sac. Ça ne sert pas à grand-chose, mais ça va mieux en le disant. Abdelkhaled, par exemple. Il est depuis cinq ans à la PAF, affecté à la division immigration où il filtre les arrivées et les départs. Il voudrait être muté à la compagnie d'intervention polyvalente (CIP), spécialisée dans le maintien de l'ordre. Il multiplie les demandes qui, toutes, sont rejetées sans aucune justification. Pourtant, d'autres fonctionnaires moins expérimentés que lui intègrent la CIP sans aucune difficulté. Pourquoi ? Abdelkhaled, qui n'est pas particulièrement paranoïaque, s'est rendu compte que les heureux élus ne sont ni maghrébins, ni noirs, ni homosexuels. Est-ce là l'explication ? Je vois d'ici tous ceux qui vont lever les bras au ciel en lisant ces lignes. Ils seront indignés qu'on puisse penser une chose pareille. Et pourtant...

Pourtant, Youcef n'a rien d'un terroriste. Jeune adjoint de sécurité, c'est un dragueur compulsif, pas toujours très délicat. Quelques allusions grivoises lui ont d'ailleurs valu un blâme de la part de sa hiérarchie. Un blâme, c'est aussi ce qu'a reçu l'un de ses collègues, qui jouait avec son arme de service en salle de pause. La balle avait traversé le mur sans blesser personne, un miracle. Une faute inadmissible et sans doute beaucoup plus grave que les blagues de mauvais goût de Youcef. Mais la sanction est la même.

Enfin bref, Youcef est un garçon presque exclusivement intéressé par les filles. Il aime aussi Dostoïevski, qu'il est capable de citer les yeux fermés. Un dragueur intello d'origine arabe et un peu lourdingue dès qu'il voit passer une paire de fesses n'a pas beaucoup d'avenir dans la police. Vous pouvez me croire.

Soudain, d'un jour à l'autre, Youcef se met à snober les filles. Il refuse de leur faire la bise et tend une main glaciale à la place. La rumeur fait le tour du service : « Vous savez quoi ? Youcef ne parle plus aux filles ! » Diable, en voilà une affaire ! On alerte la hiérarchie. L'heure est grave : un Arabe qui embrasse les filles, c'est louche. S'il est beau, c'est même énervant. Mais un Arabe qui n'embrasse pas les filles, c'est pire : c'est dangereux. Parce que c'est un salafiste, mais oui, madame, mais oui, monsieur ! Un islamiste intégriste fanatique, un barbare de Dieu, des rêves de massacres d'infidèles plein la tête. On déclenche une enquête administrative. Si des barbus s'infiltrent jusqu'au sein de la division immigration de la PAF d'Orly, y a vraiment de quoi s'inquiéter ! Ils vont tout faire péter, les avions, l'aéroport, les touristes, les flics et tout le reste. Youcef est le premier des infiltrés : il ouvre la porte aux autres, c'est sûr. À la division immigration, il est au bon endroit pour laisser passer tous les terroristes du Moyen-Orient et d'Asie centrale. Il est à lui tout seul l'avant-garde d'une cinquième colonne d'égorgeurs fanatiques !

Les filles de son service sont convoquées une à une. C'est plus grave encore que tout ce que l'on pouvait craindre : elles confirment toutes que Youcef ne les regarde plus. Certaines sont inquiètes. D'autres, en confidence, avouent même que cet étrange comportement leur fait peur. On ne sait jamais, c'est vrai, quoi ! Alors autant être prudent : après quelques heures d'auditions et quelques dizaines de pages de retranscription des auditions, la hiérarchie se fait enfin une opinion. Si Youcef ne veut plus embrasser les filles, c'est qu'il est salafiste. C'est officiel. Et marqué dans son dossier : « salafiste ».

Moi, je sais pourquoi Youcef n'embrasse plus les filles de son service. Il me l'a dit. Il en a marre d'être le

« bougnoule » de service, celui qui rigole tout le temps, qui rend service et amuse la galerie, mais que l'on méprise ouvertement et que l'on couvre d'ordures dès qu'il a le dos tourné. C'est tout. Ras le bol. Le bon Arabe n'a plus envie. On ne l'aime pas ? Eh bien, tant pis, il ne fera plus d'efforts !

C'est pour ça qu'on lui taille un costume qui ressemble à la djellaba d'un djihadiste du GIA.

Comme de nombreux ADS, Youcef a voulu passer le concours des gardiens de la paix. Il voulait faire carrière dans la police, malgré tout. Il a réussi l'écrit avec une facilité insolente. À l'oral, en revanche, le jury lui a infligé une note éliminatoire, inférieure à cinq. Il faut dire que le jury se détermine surtout à partir des appréciations portées par les chefs de service sur le dossier du candidat. Youcef était estampillé salafiste. Ça ne pardonne pas. Il ne sera jamais flic de profession : à la fin de ses cinq années de service comme ADS, il devra rendre son uniforme. Tout ça parce qu'il ne voulait plus embrasser les filles de son service...

À la PAF, Bianchi viré, la numéro deux est devenue la numéro un. Une nouvelle ère commence. Et de quelle manière !

Il existe, dans la police, une vieille tradition corporatiste : quand un policier est verbalisé pour une infraction routière légère, il peut demander, comme n'importe quel autre citoyen, une grâce. Pour cela, il rédige une demande d'indulgence en établissant un rapport nominatif qu'il fait valider par sa hiérarchie. On ne se souvient pas d'un flic n'ayant pas été gracié pour une histoire de stationnement gênant. À la PAF, c'est le patron qui décide des grâces. Depuis que la numéro deux est devenue numéro un, le système est simple : on gracie tout le monde, sauf les Arabes. Et les gendarmes. Pourquoi les gendarmes ? Mystère ! Elle a même refusé une demande d'indulgence émanant d'un commandant de gendarmerie qui, penaud, a fait comme monsieur Tout-le-Monde : il a payé son PV pour stationnement gênant.

Philippe aussi. Philippe est gendarme. Il est donc à peu près au même niveau que les Arabes, c'est-à-dire à peine au-dessus des « nègres ». En tout cas, pas bien haut sur l'échelle de l'évolution telle que l'interprète la numéro deux devenue la numéro un de la PAF.

Philippe a laissé son véhicule stationné deux minutes pour aller chercher son épouse. Il l'explique dans sa demande d'indulgence : « En raison d'une forte affluence, je n'ai pu stationner mon véhicule à sa hauteur, ce qui explique les motifs pour lesquels j'ai dû stationner mon véhicule environ deux minutes sans conducteur à bord. Lorsque j'ai regagné mon véhicule avec mon épouse, l'agent verbalisateur n'avait pas terminé d'établir le procès-verbal ci-joint (n° 94001888). Je me suis présenté à elle, lui ai fait part de ma qualité de gendarme et lui ai expliqué le motif pour lequel mon véhicule est resté sans conducteur durant deux minutes. L'agent m'a alors conseillé de faire une demande d'indulgence auprès de vos services tout en m'informant qu'elle ne s'y opposerait pas [...] »

La patronne de la PAF n'a pas cette indulgence. Pas avec un gendarme. Et pas non plus avec deux gardiens de la paix d'origine maghrébine : Riad (PV n° 92293998) et Amal (PV n° 93993845). Par cette décision, elle s'oppose pourtant à l'avis favorable de chacune des hiérarchies des deux policiers.

Mais lorsque la numéro deux décide d'être généreuse, elle fait les choses en grand, comme ce 20 avril 2009. Ce jour-là, un employé d'Air France, un vétéran de la compagnie, est verbalisé. L'agent qui dresse le procès-verbal n'en revient pas. C'est la première fois qu'il voit une chose pareille et, sur son PV, il ne sait même pas quelle case cocher : aucune ne correspond à la nature de l'infraction prévue par les cases de 1 à 4, ou de 2 bis à 4 bis, et correspondant à une amende allant de 11 à 135 euros. Il coche donc la lettre A, où le montant n'est pas spécifié. « La procédure de l'amende forfaitaire n'est pas applicable à la contravention relevée, vous ferez l'objet de poursuites judiciaires ultérieures à l'initiative du ministère public. » C'est l'infraction la plus grave. En général, c'est-à-dire quand la procédure est respectée, le tribunal d'instance fixe le montant de l'amende au contrevenant. Elle n'est jamais inférieure à 750 euros, et peut être accompagnée d'autres mesures, telles que le retrait du permis de conduire par exemple ou une peine d'emprisonnement ferme ou avec sursis.

S'il y en a un qui mérite une sanction exemplaire, c'est bien l'employé de la compagnie nationale : complètement irresponsable, il a été arrêté au volant de sa voiture alors qu'il roulait, peinard, sur les pistes où se posent et décollent les avions ! Ahuri qu'on puisse le verbaliser pour si peu de chose, il explique benoîtement dans sa demande d'indulgence que c'est là le chemin le plus court pour se rendre à son bureau. Une explication hallucinante qui semble satisfaire la nouvelle directrice de la PAF, qui refuse de lancer la procédure en cochant la case « Classement après décision de l'officier du ministère public ». Autrement dit, cette infraction n'a jamais existé !

J'arrête là les exemples d'un fonctionnement démentiel, parfaitement étanche à la justice, à la raison ou au simple bon sens. J'arrête, parce que je m'énerve en les écrivant.

Nous sommes 300 policiers des frontières à vivre ensemble quotidiennement, jour après jour, semaine après semaine, dans l'univers confiné de l'aéroport d'Orly. 300 à s'observer, à se renifler, à s'épier, à se détester ou à se soutenir. On sait beaucoup de choses les uns sur les autres. Parfois, les cœurs et les âmes se livrent. C'est rare, mais ça arrive. Oh ! n'imaginez pas une espèce d'incontinence sentimentale où l'on déballe sans pudeur ce qui nous tracasse. Ce n'est pas aussi simple. Non. Il s'agit d'une phrase lâchée mine de rien, d'un mot, d'un geste, d'un sourire. Un petit rien qui veut dire tellement de choses ! Les flics de la PAF ne sont pas heureux. Que cela plaise ou pas, j'assure que les flics de la PAF ne sont pas heureux. Qu'on me dise le contraire. Qu'on me le prouve !

L'immense majorité des policiers d'Orly n'a aucune confiance en sa hiérarchie. Elle ressent vis-à-vis d'elle une méfiance brute, solide, presque palpable. Pire encore : cette hiérarchie suscite la crainte. Elle tient ses troupes par la terreur et les mesures de rétorsion qu'elle pourrait exercer contre les récalcitrants. Silence dans les rangs. On ferme sa gueule. Vous le savez, maintenant : le silence est fourni avec l'uniforme. On ne compte plus les membres de la PAF d'Orly qui s'estiment victimes de comportements discriminatoires liés à leur origine ethnique, à leur sexe ou à leur orientation sexuelle. C'est énorme. Le ministère le sait. Ça lui fait une belle jambe. Des dizaines de lettres arrivent place Beauvau. Elles jaunissent dans les tiroirs d'un sous-fifre quelconque. Parfois, on interroge le patron de la PAF. Untel se plaint d'être mal traité ? Mais c'est un incompétent notoire ! Celle-là se dit harcelée ? Quelle garce, c'est une nymphomane ! Lui dénonce quelques malversations ? Rien d'étonnant, c'est un fou. Et cet autre qui parle de racisme ? Oh ! lui, c'est différent : il est mythomane et à moitié paranoïaque, à moitié complexé, mais bon, on est bien obligés de le supporter, vous savez ce que c'est !

Nos supérieurs sont convaincus que nous souffrons d'une espèce de susceptibilité exacerbée et que nous surréagissions à la plus petite allusion. C'est faux.

Nous souffrons profondément, sincèrement, de cette discrimination. Le matin, je vais au travail avec le sentiment d'avoir un fusil dans le dos, parce que je n'ai pas d'autre choix. Que pourrais-je ressentir d'autre que de l'amertume ? Comme la plupart des policiers beurs ou blacks, j'ai choisi ce métier par idéal républicain. Fière d'être française et fière de porter l'uniforme de la police nationale et de le montrer. Parce que j'ai cru aussi aux promesses ministérielles selon lesquelles nous, les gosses des cités issus de l'immigration, allions être l'avant-garde d'une nouvelle police proche de la population. Grâce à nous, les deux mondes, celui des quartiers huppés et celui des quartiers tout court, allaient se rapprocher, se comprendre. Les nouveaux policiers, représentants de l'ordre, comprendraient le malaise d'une certaine jeunesse dont ils connaissent ou partagent les racines, le vocabulaire : quand on utilise les mêmes mots, le dialogue est possible. Tout est possible. Je n'en reviens pas, mais j'ai cru à tout ça. Le pire, c'est que j'y crois encore ! Quels bobards, pourtant ! En réalité, nous ne sommes que des supplétifs. Des sortes de harkis : manipulés puis trahis, abandonnés.

Je voudrais que ceux qui nous traitent de cette façon et nous toisent en se pinçant le nez sachent combien nous sommes français. Combien nous aimons ce pays, le nôtre. Combien nous avons dû nous battre pour intégrer la police et dépasser un nombre incalculable de préjugés, y compris jusque dans nos familles et chez nos proches, qu'il a fallu convaincre qu'un flic n'est pas seulement celui qui vous contrôle dix fois par jour parce que vous avez une tête d'Arabe, et donc d'assassin, de dealer, de violeur, de racaille et, maintenant, de terroriste.

Je veux dire autre chose : trop, c'est trop.

Du jamais vu : des plaintes pénales contre notre hiérarchie !

Nous sommes sept : un homme et six femmes. Deux « gouines » : Ève C., Nadia S. Une femme d'origine africaine : le gardien de la paix Cathy G. Et quatre « bougnoules » : le lieutenant de police Ymed A., le brigadier-chef Linda A., l'adjointe de sécurité Nawel B. et moi, Sihem Souid, adjoint administratif. Pour être tout à fait exacte, je précise qu'on peut appartenir à deux, et même trois catégories différentes. Moi, par exemple, je suis une femme « bougnoule ». On peut aussi être une femme « bougnoule » et « gouine ». C'est plus compliqué pour celles qui le sont.

C'est donc uniquement pour simplifier la lecture que je parle de trois catégories. Du reste, on se fiche du nombre de catégories, puisque au final nous sommes sept à saisir la Haute autorité de lutte contre les discriminations et pour l'égalité (Halde), présidée à l'époque par Louis Schweitzer. Et – quitte à se mouiller, autant aller dans le grand bain – nous déposons également plainte contre notre hiérarchie de la Police aux frontières d'Orly, auprès du procureur de la République de Créteil.

L'idée est de moi. Mon côté emmerdeuse. Elle me trotte dans la tête depuis quelques semaines. J'ai fait la connaissance d'une avocate du barreau de Paris, maître Samia Maktouf. Elle appartient, comme moi, à l'association Terrafemina qui milite en faveur du droit des femmes. Comme tout le monde, elle a suivi les aventures d'Alain Bianchi à travers les articles du *Canard enchaîné.* Elle se souvient particulièrement de celui, sobrement intitulé «Arabes de service», daté du 15 avril 2009. Je lui donne des détails, lui dit ce que l'article ne dit pas. Elle pâlit au fur et à mesure de mon récit et ses yeux se rétrécissent jusqu'à ne devenir que deux petites fentes brillantes de colère. Elle m'écoute jusqu'au bout, sans m'interrompre un seul instant et, pâle comme un suaire, téléphone à son associée. La réponse de maître Béatrice Dubreuil semble lui convenir: elle reprend des couleurs. Elle me résume l'échange: «Notre cabinet est à votre disposition.»

J'aime bien sa façon de voir les choses.

Ce sont toutes les deux des femmes de conviction, elles ont horreur de l'injustice. Elles forment un duo increvable et convaincu qu'on ne doit pas laisser prospérer les discriminations quelles qu'elles soient et dans tous les domaines.

Voilà pourquoi nous sommes sept à se présenter au cabinet de Samia Maktouf et Béatrice Dubreuil: pour briser l'omerta.

C'est le lieutenant Ymed A. qui parle en premier. Ymed ne correspond pas à l'image caricaturale du « bougnoule » dans l'inconscient des bourrins de la PAF. Licencié en psychologie, il a 41 ans, il est marié et père de quatre enfants. Il est l'un des très rares officiers d'origine maghrébine en poste à la Police aux frontières d'Orly. Ils n'étaient que deux lorsque j'y étais en service.

Ymed est un garçon tout en longueur, qui marche à grandes enjambées, les épaules légèrement voûtées et les yeux au sol, comme s'il avait perdu quelque chose. C'est un bon policier dont personne ne se plaint. Il respecte ses collègues autant que ses supérieurs. Il est discret et très calme. Et puis il a un sourire pudique, très doux et très triste. C'est sa façon à lui d'exprimer sa souffrance, ce sourire. Pendant des années, il a encaissé sans broncher les insultes et les mesures discriminatoires, les dents serrées derrière ce sourire si triste.

En juillet 2008, Ymed a consulté son dossier administratif. Il en a perdu son sourire. Il a découvert que sur un coin de sa fiche de candidature au concours de lieutenant de police, une main avait écrit à l'encre rouge le mot « Arabe ». En voyant la fiche d'Ymed, un type a pris un stylo, en faisant bien attention qu'il soit rouge, pour que cela se voie bien et n'échappe à personne, et il a écrit « Arabe ». Comme si c'était contagieux. Ymed a rendu le dossier et, pour la première fois, s'est dit qu'il ne pouvait plus accepter ça. Il a écrit à Michèle Alliot-Marie, alors ministre de l'Intérieur, qui lui a répondu assez rapidement : « ... Je vous informe que cette annotation renvoie à l'option choisie en langue étrangère... »

Cela pourrait être vrai, mais c'est faux. La mention concernant le choix d'une langue étrangère n'est jamais inscrite en page de garde d'un dossier administratif. Jamais. Le candidat au grade d'officier remplit pour cela un formulaire séparé, comme l'exige le règlement. Ymed est donc persuadé que le mot « Arabe » en lettres rouges fait en réalité référence à ses origines, ce qui est totalement discriminatoire et parfaitement illégal.

Ymed n'est pas paranoïaque. Il ne souffre pas d'une névrose particulière et n'est pas spécialement hypersensible. C'est un type normal, et c'est donc très raisonnablement qu'il est arrivé à cette conclusion, sans s'énerver et après avoir calmement passé en revue toutes ses années dans la police. Aussi longtemps qu'il s'en souvienne, il a toujours été l'Arabe de service. Tantôt plus, tantôt moins, et plutôt plus depuis qu'il sert à la PAF d'Orly. Son commandant ne le supporte pas. Il le rabroue sans cesse et multiplie les vexations publiques. Même quand ils sont seuls, il ne manque pas une occasion de le rabaisser. Pour rien. Pour n'importe quoi. Pour le plaisir. Ymed n'oppose que son sourire doux et triste à la fois à cette avalanche d'ordures. Le problème, c'est que le commandant note aussi le travail du lieutenant. En 2007, il n'a obtenu qu'un 3 sur 7. Comme l'année précédente, et l'autre encore. Comme l'an prochain, sans doute. D'ailleurs, sa note est d'une constance exemplaire et même sans doute unique dans les annales de la police d'Orly : d'une année sur l'autre, elle ne progresse pas. 3 en 2008, 3 en 2007, 3 en 2006, 3 en 2005 et 2 en septembre 2009 après le dépôt de plainte. Peut-être que ce 3 et ce 2 sont les notes qu'on réserve habituellement aux débutants alors qu'Ymed a déjà quelques années d'expérience derrière lui. On ne peut pas le saquer davantage.

Il demande en 2007 une audition au patron, qui est encore à l'époque Alain Bianchi. Il est reçu. Il reste debout, gauche et emprunté. Il parle d'une voix timide, sans passion, presque gêné. On l'écoute, sans cacher son impatience. On le raccompagne à la porte. On se fout de ce que peut raconter un flic arabe. Ymed le sait, mais il a suivi la voie hiérarchique. C'est sa nature. Puis il attend avec patience. Un jour, deux jours... sept jours. Rien. Alors il forme un recours auprès du tribunal administratif. Et sa vie devient un enfer. Son commandant lui pourrit littéralement l'existence. Son travail n'est plus qu'une longue, une interminable brimade.

En janvier 2008, il est déplacé à la division immigration. La division immigration ? Mais il n'y connaît rien ! On aurait pu lui demander son avis ! Et la formation, est-ce qu'il aura une formation ? Non, il est parachuté là sans assistance. Un peu comme si on avait cherché à le mettre en difficulté. D'abord adjoint au chef de section puis chef de section, il apprend au jour le jour. C'est un obstiné, Ymed. Un tâcheron. Il suit la procédure à la lettre. C'est un flic tatillon. Scrupuleux. Il bosse et veut qu'on l'oublie. Il voudrait être transparent comme un fantôme. Et quand il se passe quelque chose d'inacceptable, il baisse les yeux pour ne pas voir et sourit, de ce sourire triste et doux.

Comme cette fois où un médecin marocain et son fils, un gamin âgé de 11 ans, sont refoulés et remis dans l'avion pour Marrakech. Le docteur avait offert ce voyage à son fils comme cadeau d'anniversaire.

« Tu sais quoi ? Tes 11 ans, nous les fêterons sur les Champs-Élysées, puis nous irons à Eurodisney ! »

Mais les flics de la police qui veille sur nos frontières ont refusé l'entrée du territoire au père et à son fils. Ils étaient en règle, mais on leur a demandé de faire demi-tour, et plus vite que ça ! Hop, dans l'avion !

Explication : pour éviter le risque migratoire, l'État a mis en place une procédure très compliquée que très peu de voyageurs connaissent. Les touristes doivent être munis d'un visa, d'un certificat d'hébergement établi par la mairie du domicile de l'hébergeant ou de la réservation d'hôtel, du billet retour avec une date précise, et une somme d'argent de 53,27 euros par jour, multipliée par le nombre de jours sur place indiqué par le visa.

Le médecin et son fils avaient le visa, la réservation d'hôtel et les billets retour. Mais il leur manquait 10 euros. Le père a montré sa carte de crédit, une Visa Gold internationale.

« Si vous m'accompagnez à un distributeur automatique, je pourrai retirer de l'argent. »

Le pauvre. Il n'imagine pas que lui et son fils ne sont rien de plus que deux bâtons pour gonfler les statistiques de la lutte contre l'immigration clandestine. Le médecin et son petit garçon de 11 ans ne le savent pas, mais ils sont des « individus non admis sur le territoire », des « INAD ». Deux de plus, ce n'est pas grand-chose, mais c'est toujours ça de pris.

C'est un brigadier major qui a décidé de gâcher la fête d'anniversaire des deux Marocains. Décision confirmée par son supérieur, le lieutenant Ymed, qui se cherche des excuses pour apaiser sa conscience. Comme tant d'autres flics appartenant aux « minorités visibles », il redoute l'accusation d'aide à l'immigration. Une accusation terrible, un délit pénal qui entraîne une révocation immédiate.

« Qu'est-ce que tu veux, je ne m'appelle pas Jean-Jacques, mais Ymed. Ça fait la différence... »

Je n'oublierai jamais cette phrase : « Je ne m'appelle pas Jean-Jacques, mais Ymed, ça fait la différence. » Dans quel pays vivons-nous pour entendre ça ? Ymed, c'est un prénom suspect, sournois, qui vous regarde par en dessous, vicieusement. Jean-Jacques, c'est franc du collier, honnête et travailleur, ça vous regarde droit dans les yeux, d'un bon regard qui n'a rien à cacher. Ymed, c'est un prénom qui se faufile, qui glisse et rampe le long des murs en se tortillant. Pas comme Jean-Jacques. Ah non, alors ! Jean-Jacques, ça marche droit et ferme, sans jamais vous surprendre. « Je ne m'appelle pas Jean-Jacques, mais Ymed, ça fait la différence. » Et moi je m'appelle Sihem. Sihem, pas Stéphanie ni Marie-Claude, et je ne vois pas la différence.

Ymed a raison de se méfier. On le guette. S'il ne ferme pas les yeux sur ces petites combines destinées à faire du chiffre, on le taxera de laxisme, au mieux, et d'aide à l'immigration, au pire. Dans les deux cas, il s'en prendra plein la tête. Je le sais : c'est à moi qu'on a demandé de surveiller son travail et le nombre de petits bâtons qu'il aligne. En effet, à l'époque où il est employé à la division immigration, je suis, moi, au Groupe d'analyse et de suivi des affaires d'immigration (GASAI) où on épluche les procédures afin d'éditer les statistiques pour le ministère de l'Intérieur. La numéro trois de la PAF a exigé que l'on surveille avec un soin particulier le travail du lieutenant Ymed A. Grâce à nos graphiques très détaillés, la hiérarchie peut connaître le rendement de chaque agent, c'est-à-dire le nombre de personnes à qui il refuse l'entrée du territoire et les raisons de ce refus. La question est donc : est-ce qu'Ymed-qui-ne-s'appelle-pas-Jean-Jacques expulse assez d'étrangers ? La réponse est : oui.

Un mot sur les statistiques. Chaque agent a accès aux siennes. Alors les flics défilent et regardent le résultat aux compteurs : 10 INAD, 15, 46, 50... Ceux qui se frottent les mains ont un tableau de chasse honorable. Les autres savent que demain il faudra accélérer la cadence.

Ce soir, il y a à Dakar, à N'Djamena et à Alger, des pauvres types qui bouclent leur valise et vérifient une dernière fois leurs papiers. « Tout y est : le visa, le billet retour. La réservation d'hôtel ? Où est la réservation d'hôtel ? La voilà ! Est-ce qu'il faut rajouter un pull dans la valise ? Il doit faire froid à Paris en cette saison, non ? »

Combien d'entre eux seront refoulés demain, malgré des papiers en règle, parce que aujourd'hui un flic de la PAF a trouvé que ses statistiques personnelles n'étaient pas satisfaisantes ?

Quand je parle de tableau de chasse, la comparaison a des limites. Je ne crois pas que les chasseurs touchent des primes calculées sur le nombre de bêtes abattues. Les policiers en ont une, basée sur le nombre de refoulés. Je me souviens par exemple de cette policière, d'origine maghrébine, folle de rage parce que, en 2006, elle n'avait pas perçu de bonus. Elle avait mis du cœur à l'ouvrage pourtant : à elle seule, elle comptait plus d'une cinquantaine d'expulsés. Un beau score. Elle tempête, elle réclame. Faut pas la prendre pour une conne, plus de cinquante bâtons, quand même, ça mérite bien quelque chose ! Un « crève-misère » de viré par semaine, ça vous prouve une compétence. Et la compétence, merde alors, ça mérite récompense !

Elle finira par l'avoir, sa prime.

Cette prime, délivrée en fin d'année, est laissée à l'appréciation du chef de service. Elle varie de 200 à 800 euros. Les meilleurs n'en bénéficient pas forcément. Les chefs de service ont plutôt tendance à la distribuer en fonction de leurs affinités. Alors ministre de l'Intérieur, Nicolas Sarkozy décide, en plus des primes déjà existantes, d'offrir une enveloppe à tous les services de police. Celle de la Police aux frontières est bien rebondie. Une belle et grosse enveloppe : elle contient quelque 300 000 euros à distribuer aux plus méritants. De fait, clientélisme oblige, le magot est partagé entre les amis et ceux qui peuvent rendre service.

Bien entendu, Ymed n'a jamais eu cette prime dite « au mérite ». Il ne lui viendrait même pas à l'idée d'en attendre une. Il se contente de survivre dans un service qui veut sa peau. Il dirige une équipe d'une trentaine de personnes qui, sans cesse, remettent ses décisions en cause, aiguillonnées comme des bœufs, par un brigadier-chef méchant comme la gale. Ymed tient bon. À chaque coup, il encaisse avec son sourire triste et doux. Toujours aussi calme, c'est sa force. Impassible, on ne sait jamais ce qu'il pense vraiment. D'ailleurs, on se fout de ce que peut bien penser un Arabe. Mais ils devraient se méfier, les autres, de ce sourire...

Ymed sourit. Les autres s'acharnent. Ymed est prudent, arrangeant même. Depuis son entrée à la PAF en 2005, il laisse ses collègues choisir leurs dates de vacances. Il est père de quatre enfants et, selon le règlement de la police nationale, les fonctionnaires parents d'enfants en âge d'être scolarisés à partir de l'école primaire sont prioritaires. Trois des enfants d'Ymed correspondent à ce critère. Mais le lieutenant ne dit rien. Il laisse les autres choisir en souriant et lui, il se débrouille autrement. Il se dit qu'à force de sourire et de se plier aux caprices et aux exigences des autres, on finira non pas par l'apprécier, il n'en demande pas tant, mais du moins par l'oublier un peu. Alors il regarde sa famille partir en vacances en souriant.

Mais voilà qu'en 2008 il décide de partir pour un congé de quatre semaines. Il remplit une demande en bonne et due forme, qu'il dépose en souriant au secrétariat qui gère les plannings. La demande remonte toute l'échelle hiérarchique et la redescend jusqu'à lui. À chaque degré, la réponse est la même : non. Il faut qu'il change ses dates. Il ne cède pas. On insiste. Il prévient les syndicats et finit, après plusieurs semaines d'une guérilla bureaucratique, par obtenir gain de cause. À une condition, d'une mesquinerie absolue : qu'il accepte de changer de section. Pour lui, cela veut dire recommencer de zéro avec de nouveaux horaires et une nouvelle équipe qu'il lui faudra séduire. Une brimade, une de plus. Ils devraient se méfier, les autres, de toutes ces brimades accumulées.

En 2009, la hiérarchie d'Ymed n'a pas voulu reprendre la bataille avec les syndicats à cause de lui. Elle a signé sa feuille de congés. La veille de son départ. Pas une semaine, ni même deux jours avant, non, mais tout juste la veille, histoire de le maintenir dans l'incertitude jusqu'au dernier moment. Ça lui apprendra, au « bougnoule ».

Et comme il ne comprend pas vite, on s'acharne un peu plus. Un rapport l'accuse par exemple d'un « manquement au service » alors qu'un étranger en attente d'expulsion a tenté de s'enfuir. Tandis que tous ses collègues tentaient de le rattraper, le lieutenant, lui, serait tranquillement rentré chez lui. Or, un premier rapport a été rédigé tout de suite après cet incident pour mentionner les faits. Un rapport signé par un officier présent sur les lieux au moment de l'incident. Vous avez deviné : l'officier qui raconte l'histoire par le menu détail est le lieutenant Ymed. Il a tout consigné avec précision. C'est bien la preuve qu'il était là, et pas chez lui. Pourtant, il écope d'un avertissement.

Un an plus tard, un autre lieutenant, Stéphanie S., à qui il arrivera la même mésaventure, la fuite d'un retenu, ne subira aucune sanction. «Je m'appelle Ymed... ça fait la différence.»

Un autre jour, on demande au lieutenant d'interpeller dès sa descente de l'avion en provenance d'Alger une jeune adjointe de sécurité à la Police aux frontières, Nawel B. L'affaire doit être importante : ce n'est pas tous les jours qu'on arrête une femme flic. D'autant que, pour elle, il a été diffusé une «mise en attention» affichée à tous les postes de contrôle de police de l'aérogare d'Orly. Cette procédure coercitive, habituellement réservée aux fugitifs soupçonnés notamment d'actes de terrorisme ou d'actes de grand banditisme, est cette fois émise à l'encontre d'une jeune fonctionnaire de police. Bigre ! Encore une infiltrée ? Une poseuse de bombe en sommeil ? Une complice de je ne sais quel trafic international de stupéfiants ? Non. Le crime de Nawel B. n'a pas de nom : elle a contrevenu à un... arrêt maladie !

Arrêtée à la suite d'une blessure en service, la jeune flic a demandé l'autorisation de se rendre en Algérie pour embrasser une dernière fois son grand-père mourant. Sans réponse, elle a décidé de prendre l'avion.

C'est à son retour que le lieutenant doit l'interpeller et l'auditionner comme un malfrat de la pire espèce. Mais cette fois, Ymed ne sourit plus. Il en a assez. Il juge cet ordre illégal, informe ses supérieurs qu'il ne l'appliquera pas et fait retirer la «mise en attention» des postes de contrôle. Néanmoins, toujours arrangeant, il accepte de procéder à une audition de la jeune femme, afin d'entendre les justifications de cette ADS «malade» et qui met en péril les comptes de la Sécurité sociale déjà mal en point. Un PV à blanc comportant les questions est même préparé à son intention. Mais à l'heure de l'arrivée du vol de Nawel B., à 22h30, le lieutenant procède au placement en rétention judiciaire d'un individu condamné à trois mois de prison ferme. Ensuite, il fait remplir ses formulaires à un demandeur d'asile. Il avise par conséquent oralement l'ADS de la volonté de la hiérarchie de la PAF de l'entendre sur les faits qui lui sont reprochés. Bonne fille, Nawel s'engage à se rendre dans les bureaux de la hiérarchie dès le lendemain matin. Ni elle ni Ymed ne s'inquiètent davantage. Ils devraient. Aucun des deux héros malheureux de l'aventure n'envisage la possibilité que cette mesure coercitive, appliquée de façon arbitraire et hors de son cadre légal, ne soit motivée que par la seule appartenance ethnique, l'origine arabe de Nawel. Aurait-on déclenché une telle manœuvre si «Jean-Jacques» s'était rendu dans le Loir-et-Cher au chevet de sa grand-mère ?

Toujours est-il qu'on ne pardonne pas à Ymed son refus d'obéissance. Il est placé en audition administrative par la police judiciaire et il découvre par la même occasion que Bianchi a nommé son adjoint à sa place comme chef de section. Tout ça pour un arrêt maladie non respecté !

Mise au courant et révoltée par ces agissements, la CGT diffuse, fin avril 2009, un tract de soutien à Ymed A.

« On y perd son latin ! Un jeune lieutenant de police s'est vu reprocher un "refus d'obéissance" par l'autorité de tutelle et auditionné... pour le simple motif que ce dernier a effectué le retrait d'une mise en attention produite pour une jeune ADS partie à l'étranger pendant un arrêt de travail ; n'existe-t-il pas un panel de prérogatives pour effectuer des contrôles médicaux au lieu de sortir l'artillerie lourde ???... La CGT police suggère à ceux qui se précipitent de prendre le recul nécessaire et le temps d'analyser les situations au lieu de sanctionner hâtivement. »

Ymed se tait un instant, étonné d'avoir tant parlé. Il regarde les deux avocates, Samia Maktouf et Béatrice Dubreuil, et dépose la mise en attention, les rapports, les notations, le tract de la CGT et sa fiche de candidature avec la mention « Arabe » en rouge sur leur bureau. Il sourit. Un bon sourire, très doux et rayonnant. Il dit encore, comme pour s'excuser : « Vous savez, je voulais être jugé sur mes seules compétences. Au début, je ne comprenais pas que j'étais la victime d'un harcèlement discriminatoire. Quand j'ai commencé à le comprendre, je n'ai pas voulu le croire. Je me disais que ce n'était pas possible. Je me suis mis à douter de ma valeur, de mon jugement. Je me taisais, pensant que si je courbais l'échine, on finirait par ne plus faire attention à moi. Je ne m'appelle pas Jean-Jacques, vous savez. J'ai fini par croire qu'en m'appelant Ymed je devais accepter l'inacceptable mais que l'inacceptable ne serait que provisoire. Je me disais que je leur prouverai, à tous, qu'un Français d'origine maghrébine est aussi valable que n'importe quel autre Français. Quel con j'ai été ! Tous mes efforts n'ont servi à rien. Rien n'a changé. C'était même de pire en pire. À leurs yeux, je ne suis qu'un "bougnoule". C'est la raison pour laquelle je veux porter plainte pour harcèlement et discrimination. Vous avez raison : il faut briser l'omerta ! »

Nawel B. a écouté Ymed en silence et en se recroquevillant au fur et à mesure de ce récit qui lui rappelle tellement de mauvais souvenirs. Et puis elle se redresse, comme quelqu'un qui s'éveille, et regarde autour d'elle. Ce qu'elle voit la rassure : deux avocates, deux « gouines », et cinq autres flics, dont moi, qui comprennent exactement ce qu'elle ressent. Nous avons vécu la même chose. Elle n'a pas besoin de s'expliquer, de trouver les mots qui disent l'indicible. On sait. Pourtant, il faut bien qu'elle raconte, elle aussi, puisqu'elle est là pour ça : détailler à nos deux avocates l'enfer de la PAF.

Alors elle parle à son tour, agitant parfois les mains devant elle, comme si elle espérait en faire sortir une vérité inexprimable.

Elle a 26 ans, Nawel. Elle a grandi à Vitry-sur-Seine, dans le Val-de-Marne, cette ville quasiment sinistrée où est né le fameux gang de la banlieue sud, spécialisé dans le braquage des fourgons blindés et l'attaque des banques. Une bande ultraviolente, armée comme un porte-avions, dangereuse et déterminée, qui « monte au braquage » avec des lance-roquettes et tire pour tuer dès qu'une voiture de police apparaît.

Nawel est de la cité Balzac : un millier de logements rongés par la pauvreté où les jeunes, comme des requins, croisent dans les rues, désœuvrés et tendus comme des arcs. Un quartier pourri. Du moins pour les « étrangers », c'est-à-dire pour ceux qui viennent de l'autre côté du carrefour. Pour les habitants, en revanche, Balzac est comme un village : tout le monde se connaît. On parle cent langues différentes, mais on se comprend, et les gamins du quartier ne manquent jamais de respect aux adultes. Sinon, les parents leur collent des torgnoles à assommer n'importe quel petit caïd.

C'est du moins comme ça jusqu'en 2002. Jusqu'à ce que Sohane Benziane soit brûlée vive dans un local à poubelles. Elle est morte pour s'être refusée à un garçon qui n'avait pas 20 ans. On découvre alors l'autre réalité de la cité Balzac : la violence extrême. Le trafic de drogue.

Sohane Benziane était la meilleure amie de Nawel B. À sa mort, elle a décidé d'intégrer la police. Non pas pour se venger, mais pour être du bon côté, celui du bien, et, avec beaucoup d'humilité, essayer de tendre une passerelle entre les jeunes des cités et le monde réel. Être, en quelque sorte, une espèce d'exemple. On peut grandir dans une cité et respecter l'ordre, avoir envie de construire, et rêver à autre chose qu'un champ de ruines qui se dresseraient comme des pierres tombales. Elle croit à la société, à sa générosité, et à la justice. Elle vomit les discours nihilistes des extrémistes de tous bords et le désespoir ravageur des voyous.

Enfin bref, elle passe le concours des ADS, et la voilà flic.

Sa première affectation est au commissariat d'Alfortville. À peine arrivée, le harcèlement commence. Pour elle, c'est une surprise : dans la cité Balzac, cosmopolite et de toutes les couleurs, on ne lui a jamais craché au visage son origine. Dans la police, si. D'autant que Nawel est une jolie fille, avec un sourire grand comme ça et un corps qui affole les garçons. Du moins ceux qui pensent avec leur sexe. Il y en a quelques-uns dans la police, vous pouvez me croire : des mecs, des vrais, qui marchent derrière leur queue au garde-à-vous dès que passe une paire de fesses. Des types persuadés qu'il suffit de claquer des doigts pour qu'une fille se pâme et s'allonge sur le dos, cuisses ouvertes. Surtout si ce n'est qu'une ADS, c'est-à-dire pas grand-chose, et une « bougnoule », c'est-à-dire rien.

Elle refuse toutes les avances, bien sûr. Et plus elle refuse, plus sa réputation de « salope » se solidifie. Elle devient la grande « salope ». « Nawel, c'est une garce, une allumeuse et une pute. – Ah bon ? T'as couché avec elle ?

– Ben non, mais c'est une "salope", tout le monde le dit.

– Ah, d'accord... »

Deux ans comme ça. 730 jours. C'est long. Elle en a perdu le sommeil, la santé et son futur bébé : enceinte, sa grossesse n'est pas arrivée à terme.

Salauds ! Foutus salauds !

Au bout de deux ans, et après une plainte à l'IGS, elle obtient finalement la mutation tant attendue. Elle est affectée à la PAF d'Orly. Mauvaise pioche.

La police, c'est une grande famille. On sait tout sur tout le monde, même ceux qu'on ne connaît pas. Les réputations vont d'un commissariat à l'autre, d'une ville à l'autre, de Lille à Marseille, de Brest à Strasbourg. Elles amplifient en cours de route. Et arrivent toujours avant vous : vous êtes cataloguée avant même de prendre votre nouveau poste.

Nawel raconte : « Alors que j'arrivais à la PAF d'Orly, je ne connaissais personne, mais tout le monde me connaissait. On m'a dit : "C'est toi la grosse pute qui arrive du commissariat d'Alfortville ?" »

C'est ce qu'elle dit dans sa déposition à l'IGS. Et c'est ce que confirmera Alain Bianchi plus tard, lorsqu'il sera auditionné par la police des polices dans le cadre de notre plainte :

« Mme Nawel B. est arrivée à la PAF d'Orly avec une réputation sulfureuse. Je l'ai acceptée car c'est le directeur de cabinet du préfet du Val-de-Marne qui me l'avait demandé comme un service parce qu'elle ne pouvait rester davantage dans son service compte tenu du climat qu'elle y faisait régner *(sic!).* J'ai donné comme instruction au chef de la division immigration de veiller à ce que les fonctionnaires gardent une distance avec cette personne afin de ne pas se trouver dans des situations délicates. »

Voilà ce que dit le patron de la PAF, la façon dont il a présenté une jeune adjointe de sécurité à ses subordonnés. Il le dit à l'IGS. Il aurait pu mépriser les rumeurs et ne pas les répandre. Il aurait pu donner une chance à Nawel d'en finir avec les ragots, de recommencer de zéro et de se bâtir une nouvelle réputation à partir de ses compétences au travail. Mais non. Bianchi a parlé de sa « réputation sulfureuse » et a conseillé aux fonctionnaires de garder « une distance avec cette personne ».

Salaud! C'est ce que tu dis à l'IGS, c'est-à-dire en prenant des gants et en mesurant chaque mot. Mais en réalité, comment tu as présenté Nawel ? Hé, les gars, une « salope » arrive. Faites gaffe, c'est une « pute et une garce » : ne l'approchez pas! Je suis sûre que c'est comme ça, ou à peu près, que tu as préparé l'arrivée de Nawel dans ton service.

Dans ces conditions, évidemment, tout se retourne contre elle. Elle sourit ? C'est une allumeuse. Elle ne sourit pas ? C'est une garce. Elle arrive au travail en minijupe ? C'est bien la preuve que c'est une « salope ».

En août 2008, elle rentre de vacances passées en Algérie. Elle descend de l'avion en djellaba, cette longue robe traditionnelle. Dans les couloirs, elle croise des collègues.

« Bonjour ! »

Les autres, interloqués, lui répondent :

« C'est inadmissible qu'un fonctionnaire de police arrive en djellaba.

– Mais je rentre de vacances ! Je sors à peine de l'avion. Je ne viens pas travailler, je vais chez moi. Je ne bosse que demain...

– C'est inadmissible ! »

Quoi qu'elle fasse, elle est fautive. Coupable d'être trop belle, trop attirante. Si un flic l'approche d'un peu trop près, c'est parce que c'est une aguicheuse. En fait, ce qu'il faudrait à Nawel, c'est une burka ! Parce que tous ces machos sont tellement frustrés qu'ils sont prêts à inventer n'importe quoi pour briser cette « salope » qui ne couche pas.

Extrait de la déclaration de Nawel à l'IGS : « Un jour que j'étais en service auprès des ressortissants étrangers non admis sur le territoire, un gardien de la paix est venu me rejoindre. Il s'inquiétait, disait-il, de ne pas m'avoir vue la veille en service. Je lui réponds qu'un petit souci de santé m'en avait empêchée. Il m'a alors prise dans ses bras et m'a déclaré que si j'avais un problème quelconque, je pouvais compter sur lui. Tout cela s'est déroulé devant témoin, il y avait au moins une dizaine de personnes. La hiérarchie m'a reproché d'avoir eu, alors que j'étais en tenue, des rapports sexuels avec ce gardien de la paix en plein service et devant témoins. Après cela, j'ai été auditionnée par mes supérieurs, j'ai demandé à être confrontée aux soi-disant témoins, des sans-papiers pour la plupart, qui étaient en zone de rétention. Une fois de plus, à la suite de ces auditions, les fameux témoins ont confirmé la réalité de ma version, mais surtout qu'on leur avait fortement suggéré de me mettre en cause. »

J'étais là ce jour-là. Voilà la vérité. Un flic a été un peu trop entreprenant avec la jolie Nawel. Et comme tout le monde a eu peur du barouf qu'elle pourrait faire, on monte une histoire en voyant là une belle occasion de virer la « salope » de la police.

Des gradés et un officier vont en zone de rétention chercher les étrangers en situation irrégulière.

Ils demandent qui d'entre eux parlent le français.

À ceux-là, ils font répéter leur leçon : Nawel a eu des rapports sexuels devant eux avec un agent de police qu'elle a provoqué.

Ceux qui parlent le français traduisent pour les autres qui se tortillent sur leur chaise, gênés. Ils ne comprennent pas tout de suite. On leur explique une nouvelle fois : la fliquette a baisé un flic. Vous avez tout vu et c'est ce que vous allez dire quand on vous le demandera.

Nawel, de son côté, demande la possibilité d'exposer les faits dans un rapport. On le lui refuse. Elle demande une audience à Alain Bianchi. Elle lui est refusée. En revanche, le gardien de la paix, « partenaire » de Nawel, est convoqué par le grand patron qui lui intime l'ordre d'écrire noir sur blanc la version voulue par la hiérarchie.

C'est un ordre. Assorti de menaces de représailles en cas de non-exécution. Du Bianchi pur jus ! L'agent de police rédige son rapport.

Ce n'est qu'après l'éviction du directeur de la PAF que ce policier reconnaîtra, devant les collègues, avoir rédigé un faux sous la contrainte et les menaces du grand patron ! Néanmoins, juste avant sa convocation à la police des polices, la nouvelle directrice de la Police aux frontières, qui a entre-temps succédé à Alain Bianchi, lui a infligé un blâme pour son rapprochement équivoque avec la jeune adjointe de sécurité.

Six mois après que Nawel B. a été sanctionnée ! Mieux vaut tard que jamais.

Nawel, elle, a été licenciée. Un coup dur. Elle ne fait plus partie de la police depuis avril 2009. Elle lit sa lettre de licenciement et la relit jusqu'à la nausée. Quelle injustice ! Quelle honte ! Elle est démise pour « exhibition sexuelle ».

La « salope » est sur un pont, un jour du printemps 2009. Elle titube, hagarde, et ne voit rien autour d'elle. Elle n'entend rien. « Exhibition sexuelle ». Ils l'ont détruite méthodiquement. Elle n'est plus que l'ombre de ce qu'elle était. On se retourne sur elle, non pas parce qu'elle est jolie, mais parce qu'on la trouve bizarre. « Exhibition sexuelle ». Elle tangue, la « salope ». Mais elle enjambe le parapet. Un homme l'agrippe. Elle se débat, elle frappe, elle griffe. Ils se mettent à plusieurs pour la retenir. Elle hurle qu'on la laisse crever, qu'on la laisse sauter. « Exhibition sexuelle ». « Salope » ! Plaquée au sol, elle pleure.

Elle est hospitalisée après cette tentative de suicide. À son retour chez elle, un courrier l'attend dans sa boîte aux lettres. Une deuxième lettre de licenciement. La PAF ne fait pas les choses à moitié. Cette fois, elle est virée pour être partie à l'étranger pendant son arrêt maladie.

Nawel conclut sa déposition à l'IGS ainsi : « Je voudrais dire qu'avant de nettoyer les cités au Karcher, il faudrait peut-être commencer par les commissariats, parce qu'il y a du boulot ! Je voudrais préciser que j'ai grandi à la cité Balzac à Vitry-sur-Seine, que j'ai un bac pro commercial, que je ne suis pas connue des services de police, que j'ai été accueillie dans la police encore pire qu'une merde ! Aujourd'hui, je suis traumatisée de ce que m'a fait la police nationale car, même ayant grandi à Balzac, je n'ai jamais rencontré de problème quelconque, de réputation ou autres ; et c'est dans la police qu'on m'a fait une réputation de p... C'est très malheureux qu'en 2009 on rencontre encore ce genre de problèmes dans la police nationale... »

Aujourd'hui, Nawel se reconstruit doucement. Elle recolle les morceaux pour que tout redevienne comme avant son passage dans la police. Elle est mariée à un informaticien et elle est maman d'une petite fille de 6 mois. Il faut les voir, tous les trois, pour comprendre à quoi ressemble le bonheur.

C'est au tour de Linda A. de parler. Brigadier-chef de son état. Une nature. Un caractère en acier. Une sacrée flic. Bien notée, compétente, efficace. Elle va à l'essentiel, sans préambule. Officier de police judiciaire, elle a été en fonction quinze ans à la Police aux frontières, de novembre 1993 à septembre 2008. Elle en a, des choses à raconter ! Une vraie encyclopédie en la matière : elle pourrait parler pendant des heures des magouilles, des passe-droits, de ce brigadier tellement imbibé d'alcool qu'on l'assoit le matin sur une chaise, dont il ne bouge plus jusqu'au soir. Parfois il ronfle, et ses ronflements font du bruit. Mais le brave homme fait carrière. Il picole, il dort et donc ferme les yeux : ça plaît à la hiérarchie, quelqu'un qui sait ne pas voir. Elle pourrait aussi raconter les expulsions illégales, les mauvais traitements infligés aux clandestins, le racisme ordinaire des abrutis, le travail bâclé, les officiers incompétents, les trafics en tout genre, les insultes, les menaces, les statistiques bidonnées. Mais Linda est une femme de peu de mots. Elle sait l'importance des choses simples, des rapports concis, nets, rapides. Elle dit ce dont elle a été la victime directe : la discrimination à cause de son sexe.

Durant son service à l'unité judiciaire, qui traite des procédures quotidiennes à destination du procureur de la République de Créteil, elle s'est plainte à plusieurs reprises des traitements qu'elle a eus à subir.

Elle est par exemple exclue des perquisitions. Les groupes constitués par son commandant sont composés uniquement d'hommes. Dans sa déposition à la police des polices, elle précise : « Je reproche à ma hiérarchie directe d'avoir fait des différences entre les fonctionnaires masculins et les fonctionnaires féminins [...]. À plusieurs reprises, j'ai avisé ma hiérarchie que je n'étais pas conviée aux perquisitions parce que le commandant, mon supérieur hiérarchique, s'était constitué sa petite équipe masculine et que les femmes devaient rester au bureau faire les dossiers. »

Curieusement, dès qu'elle a fait connaître son mécontentement, sa hiérarchie change de ton. Elle n'a plus la cote. D'autant qu'elle aggrave son cas en refusant de participer aux petites fêtes régulièrement organisées dans le bureau de son commandant. Petites fêtes bien arrosées, cela va de soi. Linda reste ostensiblement vissée à la chaise de son bureau. Pas le genre à lever le coude avec ses collègues. C'est une bosseuse.

Elle dit encore dans sa déposition à l'IGS : « Le fait que nous ne participions pas aux pots alcoolisés organisés très régulièrement dans le bureau du commandant nous valait des reproches de sa part. »

Elle en parle à Bianchi. Le directeur répond à côté et l'encourage à continuer à faire du bon travail. Sa façon à lui de la congédier en lui tapotant gentiment la joue : ses états d'âme de gonzesse, il s'en contrefout. Et, comme par hasard, tout se complique pour elle. Elle est dénigrée en permanence. Par exemple, on la change d'affectation du jour au lendemain. Sans préavis. Un grand classique quand on veut mener la vie dure à un fonctionnaire de police. On lui laisse à peine le temps de ranger son bureau que la voilà mutée, contre son gré, à l'immigration.

Mais ce qu'elle ne pardonne pas à Bianchi, c'est ça : alors qu'elle est en congé maladie, elle prévient ses supérieurs qu'elle file à Bordeaux, appelée en urgence au chevet de son père. Le vieil homme est en train de mourir. Elle voudrait l'embrasser encore une fois, tenir sa main dans la sienne et l'accompagner jusqu'au bout en lui disant combien elle l'aime et combien elle l'a toujours aimé.

Le vieil homme est mort. Linda est effondrée. Sa famille est effondrée. On sonne à la porte. C'est un médecin, sa mallette au bout du bras. Il est envoyé par Bianchi pour un contrôle médical. Le jour même des obsèques !

C'est ça, ce manque total d'humanité, cet extraordinaire cynisme qui pousse Linda à rejoindre notre groupe, à déposer plainte et à « rentrer dans la gueule de tous ces salauds ».

Les avocates écoutent encore l'histoire de Nadia et d'Ève, les deux policières homosexuelles qui vivent ensemble. Vous la connaissez, je ne la répète pas. Puis c'est mon tour. Je décris mon parcours, celui que vous êtes en train de lire.

Après que chacun a exposé sa situation, les avocates nous recommandent de rassembler tous les éléments susceptibles de donner du crédit aux dénonciations regroupées dans nos plaintes. Chacun s'attelle à la tâche.

Pour moi, la partie la plus délicate est de convaincre mon commissaire de la police générale de rédiger une attestation afin qu'il témoigne du chantage exercé contre moi par Bianchi. J'essaie de le convaincre comme je peux. J'appuie là où ça fait mal : la déontologie, la morale, l'honnêteté, la justice. On ne va pas se laisser faire ! On tient une occasion d'en finir avec ce système complètement pervers qui nous salit tous autant que nous sommes ! Alors, quoi, il faudrait se taire et tout avaler – la merde, les injures, les magouilles – et en redemander ? Ah, non ! Stop ! Écrivez-moi cette attestation, et je vous jure qu'on n'entendra plus jamais parler de Bianchi.

Le commissaire, bien sûr, hésite. Il pèse le pour et le contre. D'un côté, les risques pour sa carrière. Ils sont énormes. De l'autre, le simple fait de dire la vérité. Ce n'est pas rien de dire la vérité. C'est une affaire de conscience.

« D'accord, Sihem, je vais vous le donner, votre papier. Mais maintenant, s'il vous plaît, laissez-moi un peu tranquille. Filez chez vous. Et soyez rassurée : vous l'aurez très vite. »

Il a dit ça d'une seule traite, comme on souffle pour se soulager d'un poids. Je l'aurais embrassé, à ce moment-là. Je vous jure que je l'aurais embrassé, mais je n'en ai pas eu le temps. Il m'a gentiment fichue à la porte de son bureau avant que je ne lui saute au cou.

Il a tenu parole.

Ainsi s'exprime, officiellement et par écrit, le commissaire principal, chef de la division sécurité générale de la DPAF Orly le 27 avril 2009 :

« Comme je l'ai reconnu devant l'IGPN [Inspection générale de la police nationale], à l'occasion d'une enquête administrative diligentée par ce service, j'ai été convoqué il y a environ un mois et demi par mon directeur Alain Bianchi, lequel m'a chargé de la mission suivante : je devais faire savoir à Mme Souid Sihem que la procédure administrative dont celle-ci faisait l'objet pour une utilisation personnelle de son badge se solderait par une sanction de principe et non par un passage en conseil de discipline si elle ne faisait pas de déclarations à l'IGPN susceptibles de nuire à M. Bianchi. »

C'est le premier témoignage. D'autres suivent. Celui d'un sous-brigadier, par exemple : « À plusieurs reprises, j'ai constaté que des fonctionnaires de police dans l'exercice de leurs missions ont tenu des propos douteux et indignes de leur fonction, tels que "crouilles", "bougnoules", "couscous", "melons", "bamboulas". Ce sont des propos recueillis à la volée sans que le ou les fonctionnaires s'aperçoivent que j'étais dans les environs. Propos tenus à la DPAF Orly. »

Ou celui, encore, d'un fonctionnaire de la division immigration : « J'atteste sur l'honneur avoir entendu au cours de missions de contrôles transfrontières des mots tels que "melon", etc., à de multiples reprises et plus particulièrement à l'arrivée et au départ de vols provenant de pays maghrébins. »

La plainte est finalement déposée le 28 avril 2009 auprès du procureur du tribunal de grande instance de Créteil. Comme les médias s'emparent de l'affaire, des politiques réagissent. Ou pas. Nicolas Sarkozy, président de la République, Rachida Dati, alors ministre de la Justice, et Michèle Alliot-Marie, ministre de l'Intérieur de l'époque, font la sourde oreille.

À l'inverse, le MRAP (Mouvement contre le racisme et pour l'amitié entre les peuples) publie un communiqué de soutien aux plaignants en saisissant la Halde et le ministère de l'Intérieur pour demander l'ouverture d'une enquête.

Plus tard, la sénatrice Halima-Boumedienne-Thiéry plaide notre cause auprès de Brice Hortefeux, successeur d'Alliot-Marie à l'Intérieur, auprès de Michel Gaudin, préfet de police de Paris et de Frédéric Péchenard, directeur général de la police nationale.

À notre grande surprise, le nouveau ministre de l'Intérieur réagit très rapidement. Il est choqué par la teneur de nos plaintes et que de telles choses puissent se produire. Il charge son directeur de cabinet de contacter nos deux avocates afin de trouver une solution d'apaisement. De son côté, Fadela Amara, secrétaire d'État à la Ville, se tient un temps au courant de nos mésaventures. Elle saisit la Place Beauvau afin que nos doléances soient étudiées attentivement. Puis elle s'en désintéresse. Enfin, Éric Besson, ministre de l'Immigration et de l'Identité nationale, reçoit deux des sept plaignants. On se sent forcément mal à l'aise dans un tel ministère lorsqu'on est attaché à la défense des droits de l'homme !

Notre histoire commence à faire des vagues, et ça secoue pas mal à la PAF d'Orly. Dans un premier temps, Bianchi est placardisé à la direction centrale de la PAF. Il devient « chargé de mission ». C'est-à-dire qu'il n'a plus rien à faire, sauf sauver les apparences. Il a perdu de sa superbe et de son arrogance.

La nouvelle patronne avance en terrain miné. Elle sait que la moindre erreur peut lui être fatale. Elle agit avec une centimétrique prudence. Elle se couvre et elle anticipe. Elle ne réitère pas les erreurs de Bianchi, qui couvrait ses cadres. C'était l'un des bons côtés de Bianchi : il protégeait ses subalternes, répétant à la chef du bureau du personnel que, comme il partait bientôt à la retraite, il préférait assumer à la place de quelqu'un dont la carrière restait à faire. Malgré l'ensemble des récriminations des personnels à son encontre, il faut bien souligner ce fait, assez rare parmi les hauts fonctionnaires. Il est tout simplement dommage qu'il ait couvert le pire.

Celle qui lui succède adopte l'attitude opposée : au moindre dysfonctionnement, elle sévit. Elle tranche, et les sanctions tombent comme jamais auparavant.

La numéro deux, donc, est devenue numéro un. La numéro trois, elle, est mutée. Elle organise un pot de départ, c'est la tradition. Une enveloppe tourne dans les services, c'est la coutume. Il s'agit d'une collecte destinée à offrir un cadeau au partant. L'enveloppe revient, elle est vide. Vide ! Pas un euro, rien. Du vide et de l'air. Et ça, ce n'est pas la tradition ! De mémoire de flics, on n'a jamais vu ça. Les chefs de service sont convoqués. On les sermonne et on les prie de bien vouloir convaincre leurs effectifs de mettre la main au porte-monnaie. L'enveloppe repart pour un deuxième tour dans les bureaux. Elle revient, aussi vide que la première fois. C'est dire dans quelle estime on tient la numéro trois !

Entre les statistiques et les droits de l'homme, les hauts fonctionnaires ont choisi

Mais le système est vérolé. Pourri jusqu'à la moelle. Les têtes changent, c'est tout, alors qu'il faudrait tout raser pour tout rebâtir. Très rapidement, un article de l'hebdomadaire *Le Point* daté du 30 avril 2009 met en cause celle qui succède à Bianchi. Selon le magazine, « elle aurait triché avec les statistiques. Afin de gonfler les chiffres des reconduites à la frontière et de tenir chaque mois l'objectif de 120 "INAD", les non-admis sur le territoire français, la commissaire de la division immigration aurait donné la consigne orale de froisser certains passeports pour les rendre suspects ».

Cet article est un coup de tonnerre. Le lendemain de la parution, la commissaire divisionnaire fait face à ses chefs de service lors de la quotidienne réunion de service. Elle est transfigurée, à peine reconnaissable, les traits du visage tordus par la colère. Elle a du mal à rester assise. Elle hurle contre les auteurs de ces fuites aux journalistes et jure de les faire payer, « quitte à y laisser [sa] santé ». Les hommes sont figés sur leur chaise. Statufiés. Pas un n'ose bouger le petit doigt. Ils n'ont jamais vu leur patronne dans cet état de fureur. Au contraire, elle est connue pour un sang-froid à toute épreuve et un masque imperturbable qu'elle ne fait jamais tomber, quelles que soient les circonstances. Beaucoup disent d'ailleurs qu'elle n'a pas de cœur, ou du moins pas d'émotions. Mais là, elle craque. Ça prouve au moins qu'elle est humaine.

Avec moi, en tout cas, tout va bien. La nouvelle directrice a décidé de calmer la situation et de faire la paix avec les plaignants. C'est du moins ce que je crois, et j'ai de bonnes raisons : dans l'affaire de l'utilisation de mon badge à des fins personnelles, elle propose, contre l'avis de Bianchi, un avertissement en guise de sanction. Bien sûr, je suis innocente et je pourrais continuer à clamer que d'accompagner deux petites vieilles jusqu'à l'embarquement n'est pas une faute. Mais puisqu'elle fait un premier pas vers l'apaisement, j'en fais un aussi. J'accepte la punition. D'autant qu'un avertissement disparaît du dossier au bout de deux ans et que j'échappe au blâme, plus grave, et qui interdit toute mutation pendant une durée de vingt-quatre mois. Va pour l'avertissement !

L'ambiance est meilleure. On ne me surveille plus. Je ne suis plus harcelée, et je finis par me convaincre que c'est le début d'une nouvelle ère. Cette nouvelle patronne, décidément, derrière ces airs de dure à cuire et malgré son passé auprès de Bianchi, n'est pas si terrible.

C'est ce que j'ai pensé à ce moment-là. Je veux dire que j'ai cru que la guerre était terminée et qu'on allait me foutre la paix. J'avais confiance.

Au bureau, j'utilise mon ordinateur professionnel pour envoyer des courriels personnels. Comme à peu près tout le monde, je crois. Je fais attention de le faire pendant mes moments de pause. Ces mails concernent essentiellement le suivi de ma plainte.

Un jour que j'ai oublié de fermer ma messagerie, une collègue de bureau y a fourré son sale nez. Elle fait un rapport oral à la directrice de la PAF. La directrice saisit le service informatique pour remonter l'historique de toute ma correspondance électronique. Ils tombent, entre autres, sur les courriers dans lesquels je mets en cause le procureur de la République de Créteil dans sa gestion des procédures judiciaires liées aux arrêtés préfectoraux de reconduite à la frontière (APRF).

La reconduite à la frontière est la décision par laquelle le préfet ordonne qu'un étranger soit reconduit à la frontière. Il s'agit d'une mesure d'éloignement. En principe, un certain nombre d'étrangers, dont les liens privés et/ou familiaux en France sont importants, ne peuvent toutefois pas faire l'objet d'une mesure de reconduite. À la PAF Orly, les chiffres passent avant les principes. Foutus chiffres ! Saloperie de statistiques ! J'affirme qu'elles sont gonflées grâce à la passivité du préfet du Val-de-Marne et du procureur de la République de Créteil. Ils le font froidement, sans voir les drames humains que cela provoque. Ils le font mécaniquement. Les hommes, les femmes et les enfants ne sont que des chiffres que l'on additionne et que l'on multiplie. Rien de personnel dans tout ça. Mais je l'ai déjà dit plus haut. Inutile que je le répète. Autant raconter une histoire.

L'histoire de cette vieille Algérienne, Melkheir Oualli, qui, le 4 avril 2009, se présente au poste frontière des départs internationaux. Elle vient de passer quatre mois en France, auprès de sa famille. Maintenant, elle veut rentrer chez elle, en Algérie, parce que, à 85 ans, on n'aime pas rester trop longtemps loin de chez soi. On ne sait pas ce qui peut vous arriver, et on ne voudrait pas mourir sur une terre étrangère, loin du ciel qui vous a vue vivre et vieillir.

La mamie est arrivée à Paris le 11 décembre 2008, munie d'un visa Schengen numéro F60190256, valable six mois, du 18 novembre 2008 au 15 mai 2009. Autant dire que cette grand-mère repart largement avant l'expiration de son visa long séjour. Plus d'un mois avant. Sa situation est donc on ne peut plus régulière.

Dans sa guérite, un flic la regarde avancer péniblement, avec des yeux de prédateur. Non, ce n'est pas vrai. J'exagère : il n'a pas des yeux de prédateur. Il a le même regard que ces types sans scrupule qui profitent de la naïveté des petits vieux pour leur refourguer des breloques douteuses à des prix prohibitifs. Je veux dire, le regard d'un pucier des bas quartiers, bonimenteur et voleur. La petite vieille approche. Elle tend son passeport au policier. Un œil sur la photo, l'autre sur le visage. Tampon ? Halte là, madame, veuillez me suivre. La petite vieille ne comprend pas : elle entend mal, et puis elle ne parle pas le français. Le flic sort de sa guérite et lui fait signe de la suivre. Les voilà partis, lui devant, elle derrière qui a du mal à suivre. On lui explique qu'elle doit se plier à une formalité administrative avant d'embarquer. C'est un abus de pouvoir, un mensonge et une saloperie de manipulation : son passeport est en règle, son visa aussi, elle veut rentrer chez elle. Un brigadier de police l'auditionne. Elle ne comprend rien à ce que dit ce grand gaillard qui la regarde sévèrement avant de remplir son PV d'audition. En réalité, il n'a pas grand-chose à écrire : ces PV sont préremplis et sont mis à la disposition des policiers qui veillent à nos frontières. Il n'y a que l'identité et la date qui sont laissées en blanc. Le flic inscrit donc le nom de la petite vieille qui ne comprend pas un mot, et la date de cette infamie : le 4 avril 2009. Si la mamie ne sait pas ce qu'elle fait là, dans ce petit bureau crasseux qui pue le tabac froid et la transpiration, face à un homme en uniforme à peine plus âgé que ses petits-enfants, elle ne sait pas non plus qu'elle pourrait être assistée d'un traducteur, comme le prévoit la loi. Personne ne le lui précise, alors elle ne sait pas davantage ce qu'on lui fait dire dans le PV n° 2009/00989 : « [...] Interrogée sur sa position administrative, elle nous déclare spontanément être en séjour irrégulier sur le territoire national depuis le 12/01/2009... »

Elle a 85 ans, elle est en règle ! D'ailleurs, sur le même PV, quelques lignes plus haut, le policier a bien pris soin de détailler la durée du visa et la date d'entrée sur le territoire français. Elles démontrent toutes deux que, le 12 janvier 2009, Mme Melkheir Oualli était en situation de séjour régulier en France ! Comment peut-elle donc déclarer « spontanément » être en séjour irrégulier ? Et en quelle langue ?

Tout cela n'est possible qu'avec la confiance aveugle du procureur de la République qui, à la lecture du procès-verbal, a bien dû se rendre compte de la contradiction grotesque qu'il contient et de la légèreté de la procédure. À moins, bien sûr, qu'il ne lise pas les PV. Ce qui n'est pas mieux.

Conséquence pour la petite vieille de 85 ans : après cette audition et une consultation du fichier des personnes recherchées (FPR), qui s'avère négative, elle est désormais inscrite au système de traitement des infractions constatées (STIC) et dans l'application de gestion des dossiers des ressortissants étrangers en France (AGDREF). C'est-à-dire qu'elle est fichée comme n'importe quel fugitif. Et qu'elle ne pourra plus jamais revenir en France où vivent ses petits-enfants.

Le dossier « criminel » de Mme Melkheir Oualli compte neuf pages, comprenant la procédure judiciaire (interpellation, audition, compte rendu d'enquête), l'arrêté préfectoral de reconduite à la frontière prérempli, mais également la photocopie de son passeport, de son visa, de sa carte d'embarquement et les copies de son inscription aux fichiers.

Le tout n'a pas pris plus de quinze minutes. Si on veut du rendement, il faut aller vite. Le temps, c'est du chiffre. Mais si par malheur la procédure s'éternise, l'avion reste au sol et attend patiemment, avant de décoller, son passager expulsé de France.

Le cas de cette vieille dame n'est pas isolé. On compte une dizaine d'expulsions par semaine, que j'estime illégales, décidées par la Police aux frontières d'Orly. Par exemple, si en principe la jurisprudence et le droit international préservent l'unité des familles depuis plusieurs années, cela ne perturbe pas particulièrement plusieurs flics d'Orly, obsédés par les chiffres. Seul compte le nombre d'expulsés au détriment de la préservation de la cellule familiale.

Je vais vous raconter une autre histoire. Celle de Ramzi Ben Khalifa, un Tunisien de 30 ans. On ne sait pas comment il est arrivé en France, mais il y vit en situation irrégulière depuis 2003. Depuis, il s'est marié à une Française, et il aimerait bien régulariser sa situation. Pour cela, il doit retourner en Tunisie pour obtenir un visa de regroupement familial auprès du consulat de France à Tunis. Voilà pourquoi il se présente spontanément à la Police aux frontières d'Orly. Mais avant d'embarquer, il est évidemment entendu par la police. Lui aussi signe des PV préremplis, avec les mêmes conséquences que pour la vieille dame : la France lui est désormais définitivement interdite. Il lui sera impossible d'obtenir un visa. Encore une fois, c'est un procédé douteux. Normalement, en présentant son acte de mariage et en rentrant de sa propre initiative dans son pays, il aurait dû s'acquitter de la pénalité de 198 euros pour obtenir son visa de régularisation. Ni plus ni moins.

Mais, en établissant un arrêté préfectoral de reconduite à la frontière (APRF), on ne lui ferme pas seulement la porte du territoire français. Cette conséquence-là est presque anecdotique. L'important, c'est qu'on augmente de manière artificielle les chiffres des reconduites à la frontière.

Comment pourrait-il en être autrement ? La pression exercée par les politiques sur les policiers est telle que tous les moyens, même les plus inavouables, sont bons pour faire du chiffre et prouver sa performance. Il faut éloigner 20 000 personnes la première année. 25 000 l'année suivante, puis 30 000, etc. Les préfets sont contraints d'augmenter leur nombre d'arrêtés préfectoraux de reconduite à la frontière. À Orly, une note de service est diffusée le 26 novembre 2007. Elle met en place une procédure concoctée par Alain Bianchi, alors directeur de la PAF, le préfet du Val-de-Marne et le procureur de la République de Créteil. Un monument, signé par Bianchi : « [...] Dans le cadre de ces missions de contrôle transfrontière, la Police aux frontières découvre quotidiennement des étrangers en situation irrégulière qui mettent fin à leur séjour en quittant volontairement le territoire de leur propre initiative. Ces passagers jusqu'alors faisaient l'objet d'une procédure dite de visa de régularisation donnant droit à la perception de droits de chancellerie. Toutefois cette procédure, qui permettait d'infliger une amende administrative, ne relevait pas juridiquement le séjour irrégulier et ne le sanctionnait que par ce visa spécifique. Pour remédier à cette situation, à la demande de la direction centrale de la PAF, sur instruction verbale du préfet du Val-de-Marne, et l'accord permanent de M. le procureur de la République de Créteil ayant été obtenu par lettre du 20 novembre 2007, une procédure judiciaire sera mise en place, permettant de constater l'infraction au séjour, suivie d'une procédure administrative donnant lieu à la délivrance d'un arrêté préfectoral de reconduite frontière sans rétention administrative. L'avantage de cette procédure est de permettre d'enregistrer le mis en cause auprès de la préfecture du Val-de-Marne par l'octroi d'un numéro étranger ainsi qu'une inscription au fichier des personnes recherchées (avec établissement d'une fiche E faisant normalement obstacle à la délivrance d'un nouveau visa). D'autre part, elle entraîne *de facto* l'inscription du mis en cause au STIC, le signalant comme auteur d'une infraction pénale. »

Un étudiant en droit de première année pourrait aisément faire invalider toutes ces procédures : l'étranger est inscrit dans les fichiers de police de manière illégale, sans avocat ni interprète, la décision d'APRF n'est pas motivée, la copie de l'APRF remise à l'étranger n'est pas numérotée, la procédure est bâclée dans l'urgence, pas de lecture ni de relecture avant signature et dans le stress de manquer l'avion. Enfin l'intéressé ne pourra pas faire appel de la décision puisqu'il sera absent du territoire français.

Voilà ce que découvre le service informatique dans mon ordinateur. Ces courriels tombent à point pour me clouer au pilori, et mes supérieurs ne manquent pas une belle occasion.

Bien sûr, je sais que les fonctionnaires de police sont astreints à un devoir de réserve. C'est même le sens de l'article 11 du code de déontologie de la police nationale : « Les fonctionnaires de police peuvent s'exprimer librement dans les limites résultant de l'obligation de réserve à laquelle ils sont tenus et des règles relatives à la discrétion et au secret professionnel. »

Je suis flic. Il m'est interdit de communiquer des renseignements concernant l'administration ou bien des documents administratifs : circulaires, notes de service ou encore procès-verbaux, etc. J'ai violé cet interdit. Volontairement.

Et alors ?

Perquisition, humiliation, suspension

Et alors ?

Je l'ai fait parce que cela me dégoûte de couvrir des pratiques illégales. Je l'ai déjà dit : le silence, c'est le début de la complicité. Au fait, ces pratiques crapuleuses, elles sont prévues par le code de déontologie de la police ?

Je n'ai pas respecté le règlement parce que mon boulot, c'est de faire respecter la loi, et qu'à Orly la loi n'est qu'une vaine parole vide de sens. Elle nous emmerde, la Loi. On s'en tape. Ou alors on en abuse en bafouant les droits des hommes et des femmes. On se vautre dans l'illégalité, à en perdre les repères moraux sur lesquels s'appuie une société démocratique.

Je n'ai pas violé le règlement pour de l'argent, ou pour la gloire d'une publicité médiatique et donc éphémère. Je l'ai fait pour la justice et pour l'honneur, si ces deux mots veulent encore dire quelque chose. Je suis un flic français. Je suis payé pour ça. Je l'ai fait enfin pour dénoncer cette politique du chiffre qui favorise les bavures et annihile toute velléité de résistance. On en crève, de ces chiffres, de ces bâtons, de ces primes.

Ce règlement, en en mesurant toutes les conséquences, je l'ai enfreint. Entre la préservation d'un ordre injuste et le désordre, j'ai préféré le désordre. Je veux dire que s'il faut foutre le bordel pour que ça change, je ne vais pas me gêner !

Bon. Ça, c'est une chose. En voilà une autre : le procureur de la République a déclenché une surveillance et une enquête sur moi en saisissant la police des polices.

Le 23 juin 2009 est un mardi. Ce jour-là, à 8 h 50, l'heure à laquelle j'arrive au bureau, je suis convoquée par la patronne de la Police aux frontières. Le fauteuil de cuir dans lequel s'asseyait autrefois Bianchi a l'air beaucoup plus grand depuis qu'elle l'occupe. La directrice est avec la chef de la division immigration, de laquelle je ne dépends plus depuis six mois. Elles sont rayonnantes, toutes les deux. Souriantes, heureuses. Épanouies. Je crois que c'est la bonne formule : épanouies.

« Vous êtes convoquée à la police des polices. »

C'est la patronne de la PAF qui parle. Comme je ne réponds rien, sa collègue s'approche de moi. Elle dit : « Une voiture vous accompagnera. »

Et comme je ne réponds toujours pas, la patronne de la PAF rigole doucement. Elle ajoute : « Mais cette voiture ne vous attendra pas. Faudra vous débrouiller pour rentrer toute seule. On ne va quand même pas mettre un chauffeur à votre disposition. »

Ça les fait rire. Elles gloussent comme deux vieilles Anglaises qui se raconteraient des histoires cochonnes. Je les trouve ridicules. Mais je ne dis rien.

Et comme elles sont heureuses et que ça leur fait plaisir de me l'annoncer, elles précisent que je vais être placée en garde à vue. Là, elles font une erreur. Le règlement dit que ce n'est pas à elle de me l'annoncer, mais à la police des polices. Mais bon, je ne vais pas chipoter...

La directrice de la PAF me raccompagne jusqu'à la porte, où elle me fait patienter le temps qu'elle appelle le chauffeur. Un grand type taciturne qui ne se demande même pas pourquoi la patronne lui demande d'actionner le gyrophare jusque dans le XIIe arrondissement, là où se trouvent les locaux de l'IGS.

« C'est pour que je débarrasse le plancher le plus vite possible. »

Il hausse les épaules. Il s'en fout.

Et c'est effectivement au son du deux tons que je fais une entrée fracassante dans la cour de l'IGS.

Et je suis attendue. Il y a du monde pour me voir. Des officiers de tous les grades et de toutes les tailles, jusqu'au patron de l'IGS, qui fait savoir que lui aussi veut m'auditionner.

Un capitaine me confirme officiellement que je suis placée en garde à vue pour divulgation du secret professionnel. On me confisque mon sac à main et mon téléphone portable. Puis c'est la fouille au corps. Une expérience que je ne souhaite à personne, même pas à la directrice de la PAF. Pourtant, en dépit des recommandations du procureur, qui harcèle au téléphone les policiers afin que je sois entendue sans indulgence, les bœuf-carottes me traitent humainement, et ils paraissent dubitatifs.

Je fais l'objet de plusieurs auditions rapprochées afin d'obtenir des aveux sur l'envoi de courriels à un journaliste. Les policiers me montrent aussi des e-mails et des documents personnels qui ont été imprimés de mon ordinateur du bureau. Les limiers s'intéressent également à la plainte que j'ai déposée à la Halde et au TGI de Créteil relatives aux discriminations. C'est une atteinte à la vie privée ! Et un viol de ma correspondance !

Mon avocate, maître Béatrice Dubreuil, est prévenue. Elle arrive aussitôt. Mon mari, lui, n'a aucune nouvelle. Et pour cause : le procureur de la République de Créteil a interdit de le prévenir. C'est que le magistrat a prévu une perquisition de mon domicile... Il pense sans doute que, si mon mari est mis au courant de mon arrestation, il pourrait faire disparaître des documents compromettants. Je ne sais pas, moi, des photos pédopornographiques, des lettres de Ben Laden, le plan d'un complot quelconque... Et pourquoi pas les épreuves d'un livre qui dénoncerait la face cachée de la police d'Orly ? Bien entendu, il n'y a rien de tout ça à la maison. Même pas de manuscrit : l'idée d'un livre viendra plus tard.

À 13 heures, trois capitaines me convoient jusqu'à mon domicile. Des types calmes et plutôt sympathiques.

La voiture se gare. On descend.

« On ne te met pas de menottes à condition que tu promettes de ne pas t'enfuir. »

C'est ce qu'a dit le plus âgé des trois capitaines. Je rigole, et lui aussi. Les autres sourient. Ambiance bon enfant.

On sonne.

Mon mari ouvre et manque de tomber à la renverse. Qu'est-ce qui se passe ? Je lui explique. Ah, c'est ça ! Il se retourne vers les trois officiers : « Vous voulez boire quelque chose ? »

C'est à eux qu'il propose. Pas à moi. Je le fusille du regard et les trois autres aussi, par la même occasion. Du coup, personne n'ose répondre et personne n'aura de verre. Pourtant, il fait chaud. C'est l'été. Une odeur de barbecue entre par la fenêtre et vient me titiller l'estomac. En banlieue, c'est à ça qu'on reconnaît le retour des beaux jours : à l'odeur des barbecues qui grille joyeusement dans les jardins.

Enfin bref, la perquisition commence. Mon appartement de 70 m^2 est fouillé de fond en comble. Les bougres connaissent sacrément bien leur boulot et rien n'est oublié. Ils sont à la recherche d'un indice qui prouverait ma connivence avec des journalistes. Et ils finissent par le trouver. C'est une carte de visite d'un journaliste d'un magazine parisien avec lequel je suis en contact. La belle affaire !

Hop, on repart à Paris, la pièce à conviction dans la poche de l'un des trois capitaines.

Nouvelles auditions. Nouveaux interrogatoires. On veut me faire avouer que je parle à la presse. Je reconnais que je suis régulièrement en contact avec le journaliste dont on a trouvé la carte de visite.

Le procureur de la République réclame l'audition du journaliste. Il fait comprendre au policier que tant que le reporter ne se présente pas à l'IGS, il y a peu d'espoir qu'il ordonne ma libération. Un coup de vice : si le rédacteur ne vient pas, je dormirai au dépôt du palais de justice de Paris, avec tous les voyous raflés dans la journée. Mon transfert au dépôt est même organisé. Puis finalement annulé quand le journaliste se présente en début de soirée.

Je suis libérée à 21 heures.

Rude journée !

Je m'écroule de fatigue sur mon canapé. Mon mari ne me pose aucune question. Soit qu'il n'ose pas me déranger, soit que toutes ces histoires commencent à l'irriter sérieusement. Je réfléchis un instant à cette question et je penche finalement pour la deuxième option. Je crois qu'il en a marre. Marre de moi, des flics, des perquisitions, de mes combats. Comment pourrais-je lui en vouloir ?

Dans sa chambre, ma fille dort. À travers les volets, la lune lui met encore un peu de lumière sur le front. Dieu qu'elle est belle ! Je l'embrasse. Bonne nuit, ma princesse.

Et me voilà dans la cuisine à couper des tomates en rondelles. Je fais le point. Pour dire la vérité, ce soir je ne me trouve pas un profil de gagnante. Je crains que le harcèlement policier dont j'ai fait l'objet jusqu'à présent ne se transforme en un harcèlement de l'autorité judiciaire. Je rigole doucement en pensant que la justice est la gardienne des libertés individuelles. C'est l'article 66 de la Constitution qui le dit. L'avantage d'être une emmerdeuse, c'est que ça rend tatillon. Je connais sur le bout des doigts les articles de loi et les procédures. L'inconvénient, c'est que je devine que ça ne va pas me servir à grand-chose. Je vais m'en prendre plein la gueule.

Les tomates sont trop salées.

Le problème est simple : en portant plainte contre la hiérarchie de la PAF d'Orly, je dénonce les magouilles, les magouilleurs et leurs complices.

Je ne sais vraiment pas quelle suite sera donnée à l'affaire. Je perds confiance.

On verra bien.

Il faut que je dorme. Que je reprenne des forces.

Je vais en avoir besoin.

Deux jours après ma garde à vue, on me relève de mes fonctions. C'est dans le bureau de la nouvelle patronne de la Police aux frontières d'Orly que je dois retirer mon arrêté de suspension, avec maintien du traitement. Je ne tiens pas à la rencontrer ni à voir son sourire satisfait. Je me débrouille pour signer le document hors de sa présence. Elle a gagné. Je veux dire, j'ai perdu. Je suis allé trop loin. La machine à broyer les êtres est la plus puissante. Je n'ai pas réussi à l'arrêter, ni même à la détourner. Elle m'a ratatinée moi aussi. Je ne suis qu'une prétentieuse. Ma carrière est foutue. Ma vie de couple part à la dérive. Voilà ce que j'ai gagné, pauvre fille que je suis. Je me croyais forte parce que j'avais réussi, parfois, à faire plier la hiérarchie. Quelle illusion ! C'est elle qui m'a cassée. Parce qu'elle sait attendre, tapie dans l'ombre, aux aguets, le bon moment pour frapper. Je suis K.-O.

La nouvelle directrice de la PAF fait le ménage autour d'elle. Elle coupe les têtes les plus fortes, écrase l'opposition. On est passé d'un tyran vieillissant à une dictatrice plus jeune. Elle n'admet aucune opposition à ses méthodes particulières de gestion des flux migratoires. La voie est libre, du moins le croit-elle, pour arranger les statistiques et faire d'elle la nouvelle coqueluche du ministère de l'Intérieur.

C'est un jeudi que j'ai signé mon arrêté de suspension. Je me souviens que ce jour-là il faisait particulièrement chaud. Dans un bureau désert, j'ai rangé mes affaires avant d'enfiler le couloir jusqu'à la porte de sortie. C'est dans le corridor que j'ai croisé cet officier de police au fichu caractère. Un type né de mauvaise humeur. C'est un commandant dit fonctionnel, un statut hiérarchique particulier qui lui confère la possibilité de remplacer un commissaire de police, en cas de défaillance dans un service. Une fonction qu'il n'a jamais exercée à cause de son tempérament volcanique. Bianchi l'avait installé seul dans un bureau, isolé de tout le monde, avec un statut de mission... sans mission. Il passait trois heures par jour au bureau à tapoter sur son ordinateur pour tuer le temps. Puis il quittait son exil et rentrait chez lui. Tout ça pour un salaire mensuel de 4 000 euros. Quand Bianchi a sauté, le commandant, qui trouve qu'on fait peu de cas des impôts du contribuable, a demandé à la nouvelle directrice de lui trouver quelque chose à faire. La patronne lui a donné quelques vraies missions à remplir. De rien du tout, il ne fait désormais presque rien.

C'est donc ce commandant que j'ai croisé en quittant le bureau. Il ne m'a pas dit un mot. Rien. Il m'a regardé de son œil noir et farouche. Je jure que ce regard me disait de ne pas baisser les bras. Que je venais de m'en prendre une bonne, mais que je pouvais encore me relever et leur « rentrer dans la gueule, à tous ces salauds ».

Il ne le sait pas, il serait même étonné de l'apprendre, mais c'est en partie grâce à ce commandant que personne ne supporte que j'aie décidé de continuer à me battre.

Le combat continue

Je pense à ma vie et je me dis qu'à mon âge ce n'est pas normal. Ces choses-là, on y pense plus tard, quand on a besoin de mettre de l'ordre avant de passer de l'autre côté. On dit que je ressemble à ma grand-mère paternelle. Elle s'appelait Salha. Elle est morte à 102 ans. Elle s'est éteinte comme une bougie, sans faire de bruit, sans se plaindre. La mort ne l'effrayait pas. Elle en était familière à force de la côtoyer. Pendant des années, elle a lavé les morts de Monastir, dans le nord de la Tunisie, une ville posée tout au bord de la Méditerranée. Lorsque j'étais en vacances, je me souviens d'avoir été réveillée plusieurs fois par des gens qui venaient frapper aux volets. Il venait chercher ma grand-mère, parce qu'ils avaient un mort à laver. Elle se levait sans hésiter, préparait ses affaires et s'en allait. Ça m'effrayait un peu, tous ces morts. Parfois, elle s'intéressait aussi aux vivants en aidant à accoucher une femme.

« Mais pourquoi tu fais ça, grand-mère ? Tu n'es même pas payée ! Il y a des hôpitaux pour ça. »

J'ai posé la question dix fois, cent fois. Et dix fois, cent fois, j'ai eu la même réponse. Grand-mère Salha faisait ça pour aider les autres, c'est tout. Sans rien attendre en retour, sauf peut-être la clémence de Dieu dans l'autre monde.

Mon grand-père, j'en ai déjà parlé. Il a fait la guerre en France, pour la France, et deux ans de camp en Allemagne. Je n'en dirai pas plus, il n'aimerait pas ça, je le sais. Sauf une chose encore : je suis née le jour de sa mort. Son dernier souffle a été mon premier souffle. J'ai poussé mon premier cri au milieu des cris de douleur d'une famille en deuil. Je ne sais pas ce que ça veut dire. Je le raconte, c'est tout.

J'ai passé les deux premières années de ma vie en Tunisie. Mon père était vendeur sur les marchés. Il a décidé de tenter sa chance en France. À Thiais d'abord, où il s'est installé avec ma mère, ma sœur aînée, Imène, qui avait 5 ans à l'époque, et moi. Deux garçons viendront plus tard compléter la famille.

Nous n'avons jamais manqué de rien. Garçons et filles, c'était pareil pour tous les enfants. En Tunisie, les femmes sont traitées comme les hommes, elles sont émancipées et fières de leur féminité qu'elles affichent sans complexe.

Mes parents sont croyants, mais ils ne nous ont jamais imposé de prier ou de respecter le ramadan. Ils se sont contentés de nous inculquer les valeurs de l'islam, en nous laissant le loisir de pratiquer ou pas. Ils se sont très vite habitués à la culture française. On dirait aujourd'hui qu'ils se sont parfaitement intégrés, pour notre plus grand bénéfice. À Noël, par exemple, nous avions le sapin, la dinde et les cadeaux. Et encore des cadeaux – et du mouton grillé – à l'Aïd-el-Kébir, la grande fête musulmane.

Il n'y a qu'une chose avec laquelle nos parents n'ont jamais transigé : les études. Et leurs quatre enfants ont été de bons élèves, studieux et disciplinés. Enfin bref, j'ai eu une enfance heureuse, paisible, dans une famille aimante et soudée. Je suis une privilégiée. Je le sais.

Je me suis mariée à l'âge de 20 ans avec un Tunisien résidant en France. Nous avons eu une fille, Edille. Et puis notre couple a volé en éclats, sans doute miné par mes soucis professionnels, et nous avons divorcé. Un sale moment : seul mon père, Abderrazak, m'a soutenu avec beaucoup de courage et de tendresse. Les autres pensaient qu'une femme de mon sang ne pouvait pas divorcer. Je n'ai pas cédé. Je n'aime pas céder. Je n'aime pas laisser les autres décider pour moi. Je trouve ça injuste, et je n'aime pas les injustices.

C'est peut-être ce qui explique mon obstination.

Quelques jours après ma suspension, un article de *Libération* relate, à travers mon parcours dans la police, le combat des sept plaignants de la Police aux frontières d'Orly. À peu près au même moment, la chaîne de télévision France 24 m'invite à un débat qui a pour thème les contrôles au faciès. Les délits de sale gueule, quoi.

On m'oppose à Marie Laius, alors représentante de la préfecture de police de Paris, et qui a depuis intégré le cabinet du maire, Bertrand Delanoë. Elle est pétrie de bons sentiments, mais elle ne sait pas de quoi elle parle. Moi, je suis suspendue, alors je balance tout. On ne peut plus rien me faire. Je parle de plus en plus librement.

Est-ce cela qui effraie tant en haut lieu, alors que la Halde demande au ministère des explications sur la façon dont nous sommes traités à la Police aux frontières d'Orly ? Ou bien est-ce parce que j'ai réussi à toucher quelques hauts fonctionnaires de la police nationale avec nos histoires ? Toujours est-il que des négociations s'engagent entre les plaignants, représentés par nos deux avocates, Béatrice Dubreuil et Samia Maktouf, et la Place Beauvau.

Une des doléances du ministère revient à me faire taire : en échange de ma réintégration au poste de mon choix, je dois désormais m'abstenir de m'exprimer devant les médias. En clair, je ferme ma grande gueule ou je pointe à l'ANPE. On évoque également le retrait de notre plainte. Évidemment, lorsque les avocates nous consultent, nous refusons tous les sept ces conditions Et puis quoi encore ?

Alors, à la demande de Brice Hortefeux, ministre de l'Intérieur, la directrice de cabinet du grand patron de la police nationale (DGPN), Frédéric Péchenard, reçoit nos avocates. Durant deux heures, autour de sa table ronde, chacun des sept dossiers est épluché. L'entretien est très cordial. La dir-cab, ancienne chef de la brigade de protection des mineurs, maîtrise parfaitement ses dossiers. Elle connaît l'historique de chaque carrière. Les félicitations et les bons points des uns, les « casseroles » des autres. Bien entendu, elle défend la police, mais sans trop de conviction, pour ne pas heurter nos avocates qui étalent devant elle les nombreux documents qui étayent nos plaintes. Ce qu'elle voudrait, elle le dit tout net, c'est qu'on retrouve une fonction qui nous convienne au sein de la police et que tout rentre dans le rang. Qu'on en finisse une bonne fois pour toutes avec ces éclaboussures qui n'épargnent personne. En revanche, sur le fond, c'est-à-dire sur les méthodes de la Police aux frontières, rien n'est prévu.

Si je résume : on attend de nous que nous partions d'Orly sans tambour ni trompette, en évitant les remous et le scandale. Inutile de remuer la merde, il y en a déjà suffisamment comme ça pour tout le monde. Et alors, nous serons mutés au poste de notre choix. Le tour sera joué. Un peu trop facile, à mon goût.

D'autant que, au terme de cette entrevue, j'apprends que le procureur de la République de Créteil, Jean-Jacques Bosc, a décidé finalement de me renvoyer devant le tribunal correctionnel pour divulgation du secret professionnel. Pourtant, aucun élément probant dans mes déclarations n'avait porté préjudice à l'institution que je représente. Les collègues de l'IGS m'avaient même pronostiqué un classement sans suite. Je suis folle de rage. Sans compter que Bosc n'a même pas daigné commencer à procéder aux auditions des mis en cause dans le cadre de notre plainte pour harcèlement et discrimination. Comme si l'affaire était déjà entendue ! Et sera plus tard, comme je le pressentais, classée sans suite. Quelle justice !

Une plainte aux oubliettes

Nos avocates se sont plaintes auprès de la directrice du directeur du cabinet de Frédéric Péchenard qu'aucun responsable de la police d'Orly n'avait été convoqué par l'IGS pour être entendu. Dès le lendemain, elle fait le nécessaire et nos patrons sont enfin convoqués par la police des polices. Administrativement donc, la procédure avance. Le ministère de l'Intérieur tient ses engagements et semble vouloir faire toute la lumière sur cette sombre affaire.

En revanche, du côté du parquet de Créteil, la justice est au point mort. Le procureur n'a pas encore jugé intéressant d'entendre les témoins des faits que nous dénonçons, ni de les faire auditionner par l'IGS. Je ne parle là que des témoins qui soutiennent l'accusation, comme ce commissaire ou ce capitaine qui confirment le harcèlement et la discrimination dont nous avons été les victimes pendant tant d'années.

Les témoins de la défense, eux sont entendus. Des témoignages pour le moins douteux : tous ceux qui s'expriment en faveur de la hiérarchie sont évidemment dépendants d'elle. Mieux : certains sont totalement étrangers à l'affaire qui nous préoccupe. Mais qui s'en soucie ? On trouve même un témoin d'origine maghrébine qui dépose en faveur des pourris de la PAF. C'est une gardienne de la paix carriériste, ambitieuse, dont le seul souci est de se faire remarquer par ses chefs. Les moyens de briller lui importent peu. Elle est connue dans le service pour avoir rédigé un rapport accusant un lieutenant de faciliter l'entrée des étrangers sur le territoire.

Devant les enquêteurs de l'IGS, elle donne la pleine mesure de sa duplicité. Le racisme à la PAF d'Orly ? Balivernes ! Le harcèlement, les mauvais traitements infligés à certains voyageurs ? Foutaises ! Et la « négresse » nue et filmée ? Des racontars, tout ça, colportés par des paranoïaques aigris et menteurs – pourtant tout est décrit dans les auditions, les procédures et les attestations des « courageux ». C'est de nous qu'elle parle. Nous, qu'elle n'a jamais rencontrés ou avec qui elle n'a jamais travaillé. Elle ne sait rien de nous. Elle ne sait même pas, pour quelques-uns d'entre nous, à quoi on ressemble. Mais elle vide son sac sans pudeur, répétant toutes les saloperies qu'on peut raconter sur nous. On dit que celle-là est une « salope », que lui est un menteur, que ces deux-là, les « gouines », sont des emmerdeuses... Elle se vautre dans la rumeur comme un hippopotame dans la boue.

« Avez-vous été témoin direct des faits qui nous intéressent ?

– Ben, non...

– Mais alors, comment savez-vous tout cela ?

– C'est ce que tout le monde dit. Tout le monde le sait, quoi ! »

De notre côté, nous avons désigné une trentaine de personnes prêtes à témoigner de ce qu'elles ont vu, vécu, entendu. 30 témoins. Combien d'entre eux ont été convoqués ? 20 ? 10 ? 5 ? 2. À ma connaissance et au moment où j'écris ces lignes, seuls deux d'entre eux ont réussi à se faire entendre. Et encore, dans quelles conditions ! J'affirme qu'ils ont été manipulés : le commandant qui a entendu ces deux témoins a cherché à les intimider afin qu'ils arrangent leurs témoignages. D'ailleurs, l'un d'entre eux, choqué par la façon dont il a été traité, s'en est ému, par écrit, auprès d'une des plaignantes. Sa lettre, en date du jeudi 29 octobre 2009, est édifiante : « Aujourd'hui à 9 heures, j'ai été comme convenu à l'IGS et le commandant [...], eh bien, je vais te dire une chose, il est encore plus facho que les Bianchi et compagnie. Pour tout te dire, mon audition a duré moins d'une heure et tu peux donc facilement deviner que ses questions étaient préparées d'avance et pas forcément tournées en ta faveur... De toute manière, c'est une enquête visant à blanchir Bianchi (qui est bien copain avec le patron de l'IGS). C'est pour ça que je ne lui ai quasiment rien dit, car il aurait réussi quoi qu'il en soit à l'utiliser contre toi et par conséquent contre moi aussi... Il m'a bien insinué que c'était grave de s'attaquer à une direction et, cerise sur le gâteau, il m'a demandé s'il y avait des Antillais ou des Réunionnais dans ma section, et pourquoi eux ne s'étaient jamais plaints des discriminations ; pourquoi c'était seulement le fait d'une seule catégorie de personnes, sous-entendu les Arabes ! Je te jure que je n'avais envie de faire qu'une chose en sortant de là, c'était de vomir, tellement j'étais dégoûté de savoir qu'un service comme l'IGS pouvait être corrompu de la sorte et qu'une personne comme ce commandant, qui se devait d'être impartial, puisse tenir de tels propos. Je suis vraiment déçu et j'accuse vraiment le coup. Je suis sûr maintenant qu'il n'y aura pas de justice en ta faveur... De toute manière, ton honneur est sauf, et la vérité, on la connaît tous les deux comme d'autres personnes, même à l'IGS, sinon on n'aurait pas tout fait là-bas pour saboter mon témoignage et le réduire au strict minimum... De toute manière, ce [...] commandant a bien pris soin de me tenir ses propos sans qu'il y ait de témoin, ce qui veut dire que c'est ma parole (petit gardien de la paix de merde) contre la sienne, grande autorité au sein d'un service d'élite, je te laisse facilement deviner à qui l'on donnerait plus facilement raison, et c'est sûrement pas moi. »

Que dire ? L'enquête est bâclée. Je veux dire volontairement bâclée. Est-ce que c'est avec la bénédiction du procureur de la République de Créteil qu'elle est à ce point négligée ? C'est difficile à dire. Toujours est-il que quelques indices nous font craindre le pire.

Un exemple : la secrétaire personnelle du procureur prend contact avec nos avocates pour que toute la procédure leur soit transmise. Toute ? Toute. Pourtant, il manque une audition, celle de Nawal B. C'est le témoignage le plus violent et donc le plus accablant pour la Police aux frontières. Il n'est pas dans la procédure. Le procureur de Créteil a désigné la plainte de Nawal sous une autre référence que celle du dossier principal. Comme s'il voulait l'isoler ou la désolidariser de l'ensemble des plaintes. Étrange.

Je ne suis pas réellement surprise. Je suis déçue. Depuis ma première audition comme témoin à l'IGS, je n'ai plus aucune confiance en ce service. À l'époque, on m'entendait à propos de la plainte pour homophobie déposée par Ève C. Les flics de l'IGS ont tout fait pour me convaincre de ne pas témoigner. Ils ont même essayé de transformer mes propos, après avoir tenté de négocier mon silence.

C'est pourquoi j'avais insisté pour que l'IGPN soit saisie de notre dossier, et non pas l'IGS.

En vain.

À ce jour, sans surprise, le procureur a classé notre plainte sans suite et nous avons donc dû saisir un juge d'instruction.

La réintégration et le prix du silence

En dépit de toutes ces péripéties, la police nationale finit par admettre que notre dossier est inattaquable. Les témoignages sont solides. Les accusations prouvées. Les documents indiscutables. Nous ne sommes donc pas renvoyés de la police. On nous propose au contraire de choisir une nouvelle affectation.

Ymed est reçu au ministère de l'Intérieur par un sous-préfet et deux commissaires. Il leur dit qu'il aimerait intégrer une brigade des mineurs. Souhait accepté et rendez-vous pris avec les responsables de ce service. Mais là, Ymed découvre que sa réputation l'a précédé. La numéro un de la PAF a pris le temps de passer quelques coups de fil ravageurs.

Ymed est alors affecté à un service de police judiciaire d'un commissariat de la banlieue parisienne. Même chose : la patronne de la Police aux frontières a fait savoir ce qu'elle pense de lui. Mais cette fois, personne ne l'a écoutée et Ymed est plutôt bien accueilli. Il respire, soulagé : on va enfin le juger sur ses compétences ! Ce n'est pas trop tôt, après toutes ces années de service.

Quelques jours après son installation, il est une nouvelle fois convoqué place Beauvau. Un autre sous-préfet l'attend. On voudrait qu'il retire sa plainte.

« Entendons-nous bien : nous ne vous demandons pas d'oublier l'ensemble de vos griefs contre vos supérieurs de la PAF d'Orly, mais d'oublier ce qui touche le ministère de l'Intérieur. »

Dit clairement, cela signifie qu'on lui demande de considérer que la mention « Arabe », en lettres rouges comme le sang, écrit sur la page de garde de son dossier, n'est qu'une erreur. Une bévue sans importance. Il faudrait qu'il retire ça de sa plainte.

Le haut fonctionnaire insiste, en faisant comprendre que les intérêts du ministère de l'Intérieur sont supérieurs à ceux d'un petit plaignant. Tout juste s'il n'invoque pas la raison d'État.

Ymed l'écoute, avec son sourire triste et doux. Il comprend surtout que le ministère est dans une belle panade. En effet, la Halde a demandé qu'on lui présente plusieurs dossiers de candidature au grade d'officier pour les comparer avec celui d'Ymed. La Halde aimerait bien savoir si, pour ceux qui ont choisi anglais en option, il y a écrit « Anglais » en lettres de sang sur la première page de leur dossier. Ou bien, si pour ceux qui choisissent l'anglais, l'allemand ou l'espagnol, on se contente du formulaire prévu à cet effet. Et puis tant qu'elle y est, la Halde souhaiterait encore vérifier une petite chose :

qu'y a-t-il d'inscrit sur les dossiers des autres candidats d'origine maghrébine ?

À ce jour, la demande du sous-préfet est restée lettre morte. Aucun élément de plainte n'a été retiré. Le lieutenant Ymed est toujours en poste dans ce service de police judiciaire d'un commissariat de banlieue parisienne. On dit qu'il y fait du bon boulot, mais qu'il a en permanence l'impression de devoir faire ses preuves, alors qu'il est dans la police depuis une dizaine d'années. La bonne nouvelle, c'est qu'il est apprécié de ses collègues. C'est bien. Il le mérite.

Après la convocation d'Ymed, c'est à mon tour. Je suis attendue rue des Saussaies, au ministère de l'Intérieur. Je commence à connaître l'endroit : je vais directement au troisième étage en négligeant l'ascenseur. Je me dis que la réunion risque d'être chaude et qu'un peu d'exercice me détendra.

Le chef du personnel administratif et scientifique de la police nationale et son adjoint sont déjà là, visages détendus et souriants. Ils me répètent que je suis une bonne flic. Ils m'encouragent à rester dans la police et à faire évoluer ma carrière en passant, par exemple, le concours d'attaché de police.

Ils sont gentils. Cependant je ne suis pas là pour parler de ma carrière, mais de la discrimination qui règne dans la police et des solutions que nous devrions trouver pour en finir. Ils l'admettent : le racisme est un fléau qui existe bel et bien, dans la police comme ailleurs, dans le public comme dans le privé.

« Vous savez, la police est à l'image de sa population Il n'est donc pas étonnant d'y rencontrer des individus moralement douteux, aux propos inacceptables.

– Et alors ? On le sait et on ne fait rien ? On considère que c'est un mal incurable et on agonise lentement de cette peste, c'est ça ? La police devrait être une administration exemplaire des valeurs de la République. C'est alors seulement qu'elle changera son image auprès du public. Vous le savez bien : si les policiers ont trop souvent une mauvaise réputation au sein de la population, c'est parce que quelques brebis galeuses suffisent à contaminer le troupeau, ou à lui donner une image détestable. »

Gênés par la tournure de la conversation, le chef du personnel et son adjoint en viennent au véritable objet de la réunion : mon avenir immédiat. Pour l'instant, je suis suspendue. Il m'explique que cette suspension n'est pas une sanction mais une mise à l'abri, et que c'est la raison pour laquelle je garde la totalité de mon salaire. D'habitude, un fonctionnaire en attente du conseil de discipline ne perçoit aucun traitement ou, au mieux, la moitié de son solde. Il ne choisit pas non plus une nouvelle affectation, comme on me le propose.

J'en conviens, et j'exprime le souhait d'intégrer une unité du secteur social de la police nationale.

« Je crois que je préfère la prévention à la répression. »

L'entretien a duré quarante minutes et je devrais repartir le cœur léger. Je suis de nature plutôt optimiste, mais ces derniers mois m'ont appris à être prudente et à ne pas me réjouir trop vite.

Le lendemain, coup de téléphone d'un brigadier-chef qui m'appelle de la part de la patronne de la PAF d'Orly. Je suis convoquée le matin même, et d'urgence ! Elle me poursuit. Elle tient à m'empoisonner la vie autant qu'elle le peut. Elle se débrouille assez bien : en apprenant mon éventuelle réintégration, elle a lancé une demande de retrait d'habilitation d'accès aux zones réservées de tous les aérodromes. Mesquin. D'autant que les faits qui me sont reprochés – divulgation du secret professionnel – datent de plusieurs mois et qu'elle aurait dû demander le retrait de mon habilitation dès le lendemain de ma suspension. Un coup bas. À sa hauteur, quoi. Mais cette fois, il ne porte pas : la veille, au ministère de l'Intérieur, les pontes de la police avaient cherché à apaiser la situation et à trouver un *modus vivendi*; la patronne de la PAF met, elle, de l'huile sur le feu. C'est peu dire qu'au cabinet de Frédéric Péchenard, l'initiative de la numéro un de la PAF n'est pas appréciée. Mais alors pas du tout.

Le service de prévention de la préfecture de police de Paris. Ma réconciliation avec la police

L'agitation de la directrice de la PAF n'a pas eu plus d'effet qu'une tempête dans un verre d'eau. Elle s'est énervée toute seule, aboyant dans le vide.

La direction des ressources humaines de la préfecture de police de Paris (PP) me propose différentes fonctions dans divers services liés au secteur social dépendant d'elle. Je choisis d'entrer au sein du service de prévention de la police administrative et de documentation (SPPAD). En contrepartie, je m'engage à me taire : je ne dirai rien des circonstances de mon affectation à mes futurs collègues, et je ne parlerai pas de ma plainte. J'accepte, bien sûr. C'est un bon marché.

J'ai gagné !

Le 23 novembre 2009, je prends mes nouvelles fonctions dans un service dont j'ignorais l'existence jusqu'alors. Je suis affectée à la cellule d'aide aux victimes, plus particulièrement de celles de violences conjugales et intrafamiliales.

Nous sommes huit dans un *open space* dont les fenêtres plongent sur l'une des rues les plus animées du centre de Paris. À chacun sa spécialité : les violences scolaires, la prévention de la lutte antidrogue et contre l'alcoolisme, les contrats locaux de sécurité, la prévention routière, la formation au secourisme dans les établissements scolaires, l'opération « Tranquillité seniors » et enfin, celle que je préfère, l'opération « Ville-vie-vacances ». Cette initiative de prévention de la délinquance s'adresse à des gamins sur la corde raide, à la limite de la rupture scolaire, sociale et familiale. Certains, on le sait, ont même déjà basculé du mauvais côté. Et alors ? Quand on vient aux portes de l'enfer, on ne rencontre pas que des anges. Mais il suffit de pas grand-chose pour qu'ils redeviennent des enfants et des adolescents comme les autres. Et c'est à nous, des flics, que l'on demande de tendre la main à ces gosses pas encore perdus. J'aime cette idée, et j'aime mon nouveau travail. Jamais, depuis que je suis dans la police, je n'ai vu un tel enthousiasme, et je reste persuadée que mes voisins de bureau appréhendent leur tâche comme une mission presque sacrée. Ils le font sans bruit, discrètement, avec cette humilité tranquille de ceux pour qui la détresse des autres n'est pas une fatalité et qui ont encore la capacité de s'indigner. Je me sens chez moi parmi eux. Et le soir, après une journée de travail, j'ai hâte d'être au lendemain. Je me sens utile.

Un matin, je trouve un Post-it jaune collé sur l'écran de mon ordinateur : « La *boss* t'attend dans son bureau. »

La commissaire divisionnaire qui dirige le SPPAD a sa tête des mauvais jours. Elle me fait signe de m'asseoir.

« Pourquoi vous ne m'avez rien dit ? »

Coup de massue. Un voile noir devant les yeux. Le cœur qui cogne dans la poitrine, comme s'il voulait sortir. Ça ne finira donc jamais ? Les salauds ! Ils me poursuivent jusqu'ici. La commissaire m'apprend que le service chargé des sanctions à la préfecture de police l'a informé des circonstances dans lesquelles j'ai quitté la PAF d'Orly, lui dressant de moi un portrait assez peu flatteur et lui demandant si elle avait vraiment envie de me garder dans son service.

Elle n'est pas contente, la commissaire. Elle aurait voulu savoir. Je veux dire qu'elle aurait voulu que je lui dise tout avant de l'apprendre par l'extérieur. Elle n'aime pas les mensonges et ceux qui mentent. Alors je lui raconte tout ce que j'ai enduré jusqu'à aujourd'hui, jusqu'à cet instant même où je suis en face d'elle avec le sol qui se dérobe sous mes pieds. Je lui explique que chaque partie s'était engagée à ne pas faire de publicité autour de mon affaire. Motus et bouche cousue, c'était la principale clause de mon contrat passé avec la direction des ressources humaines. J'ai respecté le contrat. Pas eux. Ils m'ont trahi une nouvelle fois.

J'ai envie de pleurer.

La commissaire ne sourit pas. Du moins sa bouche ne sourit pas. Mais ses yeux si, pleins de bonté.

« J'ai répondu que je voulais vous garder. Vous êtes un bon élément. Alors, retournez travailler, vos collègues vous attendent. »

Ils sont là en effet. Et je peux compter sur eux comme ils peuvent s'appuyer sur moi. Désormais, tous connaissent mon histoire. Ils me plaignent et redoublent d'attention à mon égard. Ils veulent me faire oublier toutes ces années à patauger dans la boue. Les policiers du SPPAD sont à l'opposé de la plupart de ceux que j'ai connus à la PAF d'Orly. Des gens consciencieux, ouverts, humains. Ils correspondent exactement à l'idée que je me faisais des flics. J'espère simplement qu'ils représentent la majorité de la police nationale, et que les flicaillons de la Police aux frontières que j'ai croisés à Orly ne sont qu'une monstrueuse minorité. Je l'espère de toutes mes forces.

Racisme ordinaire et racisme de l'élite

Voilà toute mon histoire, ou à peu près. Elle m'a épuisée, vidée, éreintée. Quand j'y repense aujourd'hui, j'ai mal. Physiquement mal, comme si je souffrais de courbatures musculaires après un effort physique intense. C'est une sensation étrange, qui m'épuise. Désormais, toute ma vie tourne autour de cette expérience. Je ne peux pas faire autrement. Avant l'âge adulte, je l'ai dit, je n'ai jamais été confrontée au racisme. Aujourd'hui, je suis inquiète. J'ai peur. Ou plutôt mon pays me fait peur. Je sais que j'ai désormais une sensibilité exacerbée à la xénophobie. J'essaie de la corriger. C'est difficile : les grands brûlés ont peur du feu et moi, la moindre allusion à ma race me fait frémir de la tête aux pieds.

Je ne crois pas que la France soit un pays raciste. J'en suis même sûre. Je me demande pourtant parfois si le racisme et son expression ne sont pas une façon d'exister, de faire parler de soi ou de séduire une infime partie de la population, sensible à un discours extrémiste. C'est un discours facile, bassement flatteur et qui peut rapporter gros. Je suis frappée d'entendre une certaine élite intellectuelle l'utiliser sans mesurer les conséquences dramatiques qu'il peut avoir. Savent-ils le mal que cela nous fait à nous, les Français issus de l'immigration ? Savent-ils comment ce discours peut être interprété par quelques gros bras avec un pois chiche en guise de cervelle ? Ont-ils la mémoire si défaillante pour oublier que des propos discriminatoires, haineux ou méprisants peuvent provoquer des choses terribles ?

Est-ce qu'Alain Finkielkraut, intellectuel et philosophe, enseignant dans une grande école et animateur sur France Culture, mesure l'impact de ses propos repris dans le journal israélien *Haaretz* ? Voilà ce qu'il dit : « On nous dit que l'équipe de France est adorée par tous parce qu'elle est black-blanc-beur, en fait aujourd'hui, elle est black, black, black, ce qui fait ricaner toute l'Europe. Si on fait une telle remarque en France, on va en prison ! »

Il se trompe. Peut-être pas sur la couleur de l'équipe de France, je n'en sais rien et ça ne m'intéresse pas, puisque avant d'être black, blanche ou beur, elle est d'abord française. C'est ça, le plus important. Et que grâce à elle, en 1998, le monde entier a entendu résonner *La Marseillaise*. Et que grâce à elle encore, toute la France s'est retrouvée à défiler sur les Champs-Élysées. Les Jean-Jacques main dans la main avec les Ymed, ça avait une sacrée gueule ! Pourquoi ça ne serait plus possible aujourd'hui ?

Quand je dis que Finkielkraut se trompe, c'est lorsqu'il affirme, péremptoire, que « si on fait une telle remarque en France, on va en prison». C'est faux. Une erreur ou un mensonge, je ne sais pas. Bien sûr, il existe tout un arsenal législatif pour réprimer ce que l'on appelle l'incitation à la haine raciale. Mais il est utilisé avec parcimonie et avec prudence, pour ne pas se voir opposer une atteinte à la liberté d'expression. Si Finkielkraut avait raison, il y aurait du beau monde en prison !

La parole raciste est libérée. Sans complexe.

Manuel Vals, maire d'Évry en juin 2009. Il est sur un marché de sa ville, filmé par des caméras de Direct 8. Il y a du monde et beaucoup de Noirs. On les voit sur les images de la télévision, tous ces Noirs qui grouillent autour de l'élu. Et ça, ça n'a pas l'air très bon pour l'image de sa ville. Il oublie la caméra et les micros, se penche vers quelqu'un de son entourage et lui dit : «Belle image de la ville d'Évry... Tu me mets quelques Blancs, quelques Whites, quelques Blancos.»

Il a dit ça. C'est vrai, quoi : des «nègres» et des «bougnoules», ça vous fout la réputation d'une ville par terre. C'est salissant et ça fait baisser le prix de l'immobilier. Pour dire la vérité, je sais que Manuel Vals n'est pas raciste. Je suis simplement désolée qu'il attache assez d'importance à ceux qui le sont pour demander à ce que l'on fasse disparaître les Noirs du champ des caméras, et donc du paysage. Et qu'il accepte l'idée qu'on puisse penser que des Noirs ou des Arabes dégradent une image.

Il n'y a pas si longtemps, il existait encore une espèce de règle non écrite selon laquelle, à quelques rares exceptions, les élites intellectuelles et politiques épargnaient les minorités. Soit parce que ces élites étaient imperméables aux thèses racistes, soit parce qu'elles savaient qu'elles n'étaient pas médiatiquement ou politiquement payantes. Peu importe la vraie raison, d'ailleurs. C'est le résultat qui compte... Aujourd'hui, ce n'est plus le cas. Casser du nègre ou du « bougnoule », intellectuellement parlant, c'est un bon créneau. Ça ne choque plus grand monde. On trouve même que c'est courageux de leur part de « dire tout haut ce que tout le monde pense tout bas », selon la formule consacrée.

Je ne sais pas de quand date exactement ce changement. Probablement du 11 septembre 2001. Un commando d'assassins illuminés manipulés par un dingue multimilliardaire, des fanatiques nihilistes ont osé nous faire ça, à nous, les musulmans : nous mettre à dos une bonne partie de la communauté internationale. Qu'est-ce que je pourrais dire pour convaincre ceux qui en doutent que l'immense majorité des musulmans condamnent le terrorisme, dont ils sont les premières victimes, et dont ils rejettent l'interprétation du Coran et la totalité des thèses ? Je suis musulmane et ne reconnais pas le droit aux fanatiques de l'islam de parler en mon nom. Je vis un islam apaisé, qui n'a pas besoin du fracas des bombes, du chaos des guerres et des cris des femmes lapidées. Je vis ma religion comme la plupart de mes frères. Dans la paix et l'acceptation de l'autre. C'est-à-dire comme une religion, et pas comme une idéologie.

Je déteste le populisme politique. Je ne vois pas pourquoi j'accepterais le « populisme religieux ».

Je crois qu'un populisme en provoque un autre. En tout cas, il l'excuse. Un extrémisme en autorise un autre. C'est un cercle vicieux : certains musulmans ont considéré qu'ils étaient oppressés par l'Occident et qu'il fallait le combattre. Des Occidentaux considèrent aujourd'hui qu'il y a une guerre des civilisations ! Quel gâchis ! Au racisme vulgaire, atavique et viscéral s'ajoute un racisme idéologique. Quelle connerie ! Il y a bien une guerre des civilisations. Ce n'est pas celle de l'islam contre le monde chrétien. C'est celui de la barbarie contre le monde civilisé, dont font partie la plupart des pays musulmans.

Je ne sais pas à quelle catégorie de racistes appartient l'ancien préfet Girot de Langlade. Ordinaires ou idéologiques. En 2009, alors qu'il se trouve au filtre de sûreté aéroportuaire d'Orly-Ouest, il lâche : « On se croirait en Afrique ici... de toute façon, il n'y a que des Noirs ici. »

Il l'a dit avec beaucoup de spontanéité, très naturellement.

Valérie Pécresse, en octobre 2009, commente ainsi une éventuelle candidature de Rama Yade dans le Val-d'Oise durant la campagne des régionales : « C'est bien pour toi parce qu'il y a beaucoup de Noirs et d'Africains. »

Je ne sais pas si c'est raciste. Mais c'est idiot.

Ou encore Éric Raoult, le député-maire du Raincy (Seine-Saint-Denis) qui dit sur Canal + qu'« on n'est pas une communauté comme au village. Le Raincy, c'est pas Bamako ». Bamako non plus n'est pas un village. C'est la capitale du Mali, avec plus de 2 millions d'habitants, qui ne sont pas tous des ploucs à courir tout nus dans la rue.

Raoult a dit ça en 2007. C'est l'année de l'élection de Nicolas Sarkozy à la présidence de la République et celle de la création d'un ministère de l'Immigration et de l'Identité nationale. Un ministère comme ça, ça vous rend suspect quand vous vous appelez Mohammed ou Sihem. En tout cas, ça ouvre le débat : je m'appelle Sihem. Je suis française. Je suis un flic français. Est-ce que je suis digne d'être française, ou mon prénom et ma religion font de moi une Française de seconde catégorie, de deuxième zone ? Nadine Morano sait comment les musulmans peuvent être dignes de l'identité française : « Moi, ce que je veux du jeune musulman, quand il est français, c'est qu'il aime son pays, c'est qu'il trouve un travail, c'est qu'il ne parle pas le verlan, qu'il ne mette pas sa casquette à l'envers. »

Voilà un argument qui vole haut. Grâce à la ministre, le débat sur l'Identité nationale a tout de suite pris de la hauteur. Je ne suis pas absolument sûre que l'on attende ce genre de raisonnement de la part d'un membre du gouvernement. Mais bon, on fait avec ce qu'on a. Et puis elle, on ne peut pas l'expulser. Quoique : Morano, c'est français, comme nom ?

Je l'ai déjà dit : quand un ministre, un préfet ou une autorité morale quelconque s'autorise à parler de la sorte, il n'y a pas de raison pour que le reste de la société n'en fasse pas autant. En pire. Les flics de la PAF d'Orly, du moins ceux à qui les « nègres » et les « bougnoules » donnent des boutons, ne se permettraient pas d'agir ainsi s'ils ne se sentaient pas soutenus par les plus hautes autorités. Ils ont l'esprit étroit. Ils voudraient que nos frontières le soient aussi.

En dehors de l'extrémisme religieux, un autre facteur favorise l'expression et les comportements racistes : la délinquance. Les immigrés et les fils d'immigrés sont tous, pour certains, des voyous. C'est génétique, sans doute...

« Moi, je vous prends le pari, sur les statistiques de délinquance des mineurs, je pense qu'il y a entre 90 % et 95 % de Noirs et de Maghrébins. »

C'est Éric Zemmour qui parle sur France Ô, le 30 janvier 2010.

Je ne connais pas les chiffres. Ce que je sais, c'est que si les Blancs étaient contrôlés aussi souvent que les Noirs et les Arabes le sont, les statistiques de Zemmour, si elles sont justes, ne seraient pas les mêmes. Parce que bien évidemment plus de Blancs seraient arrêtés. C'est ce qu'on appelle le « délit de sale gueule », volontiers reconnu par Éric Besson quelque temps auparavant, le 9 décembre 2009, sur RTL : « Les contrôles au faciès sont une réalité, même si cette pratique est combattue. » C'est clair, c'est net, mais ça ne convainc pas Zemmour, qui conclut sur Canal + le 6 mars 2010 par un péremptoire : « Pourquoi sont-ils contrôlés dix-sept fois ? Parce que la plupart des trafiquants sont noirs et arabes. »

Et il faudrait préciser qu'il y a pour cela deux raisons. La première, ils sont issus de milieux défavorisés ; puis, une proportion d'entre eux est livrée à elle-même dès leur plus jeune âge.

Bien. Je n'étais pas née, mais on m'a raconté que, dans les années 1970, il existait un gang redoutable de voyous, de proxénètes. Il était dirigé par les frères Zemmour. On disait d'ailleurs « les frères Zemmour » en parlant de ce gang. Ça ne fait pas de tous ceux qui portent le nom de Zemmour des délinquants de père en fils sur dix générations. Des sales types, il y en a partout. Chez les Arabes, les Noirs et les Blancs.

Instrumentalisation politique de la police

L'instrumentalisation de la police à des fins partisanes est une constante du pouvoir politique. Elle a toujours existé. C'est inévitable. Mais elle est encore plus marquée depuis l'élection de Nicolas Sarkozy. Les forces de l'ordre sont au service de la communication gouvernementale. La hiérarchie policière s'intéresse moins à l'efficacité réelle de ses actions qu'à l'image qu'elle veut véhiculer. Et la dictature du chiffre fait le reste : on veut montrer que l'État prend des mesures et que ça marche. On multiplie les annonces tonitruantes et les mesures symboliques. Du vent. Effets de manches.

L'exemple le plus frappant de ces derniers mois : le remplacement de Nacer Meddah, nommé préfet de la Seine-Saint-Denis en décembre 2008, par Christian Lambert, l'ancien patron du Raid (le service d'élite de la police) en avril 2010. Lambert est un bon flic et même l'un des meilleurs. Un type irréprochable. Mais les raisons de l'éviction de Meddah, après quinze mois de fonction, demeurent aujourd'hui encore assez mystérieuses. D'autant que Michel Gaudin, le préfet de police de Paris, lors de ses vœux pour l'année 2010, l'avait chaleureusement et publiquement félicité parce que les chiffres de la délinquance avaient sérieusement régressé l'année précédente : « En Seine-Saint-Denis enfin, après une année 2008 très nettement à la baisse, l'année 2009 a été celle de la consolidation. Devant faire face à une hostilité marquée à leur égard, les forces de police n'ont pas ménagé leurs efforts pour contenir la délinquance (+ 0,5 %). En ce début d'année 2010, il est possible de dire que le mouvement de hausse de la délinquance, enregistrée de manière ininterrompue jusqu'à 2002 avec une progression de 26,71 % entre 1996 et 2001, a été enrayé. Je sais la difficulté du métier de police dans ce département et veux donc rendre aujourd'hui un hommage particulier aux fonctionnaires du 93, comme au préfet Nacer Meddah dont je connais la détermination. »

Les chiffres, puisqu'il n'y a que cela qui a de l'importance, obtenus par le préfet Meddah parlent d'eux-mêmes : en 2009, 7300 personnes ont été mises en cause dans des affaires de drogue en Seine-Saint-Denis. 6200 consommateurs ont été interpellés, en augmentation de 19 % par rapport à 2008. 400 trafiquants ont été arrêtés, soit 13 % de plus qu'en 2008. 90 d'entre eux ont été écroués, contre 64 en 2008. Un autre bon résultat mais une mauvaise nouvelle tout de même : le pourcentage des mineurs impliqués dans des affaires de délinquance a bondi de 40 % en 2009.

Alors pourquoi Meddah a-t-il été remplacé ? C'est un haut fonctionnaire. Lambert est un policier ultraconnu. Un flic d'élite, habitué aux missions difficiles et au grand banditisme. Le nommer à ce poste, cela tend à démontrer au public la détermination de l'Élysée dans sa lutte contre les caïds et les petites frappes des quartiers. C'est bien. Tant mieux, même. Évidemment, il est un peu dommage que les médias soient convoqués à chaque descente de police, ou presque, et à chaque opération de maintien de l'ordre, ou presque. Ça donne tout de suite une petite connotation électoraliste à cette nomination. Dormez tranquilles, je veille sur vous, et ne l'oubliez pas en 2012.

En réalité, la « guerre aux trafiquants » déclenchée par Lambert sur Europe 1 avait déjà commencé depuis quelque temps. Depuis septembre 2009, très exactement, lorsque Meddah était encore préfet. Plus discrètement, sans tambour ni trompette, mais avec au moins autant d'efficacité.

À l'époque, un plan « Stup » a été mis en place par le ministère de l'Intérieur, qui avait assigné aux services de police cinq cibles : Sevran, Pierrefitte, Saint-Denis, Saint-Ouen et Le Blanc-Mesnil. Cinq des principales plaques tournantes du trafic de drogue dans la banlieue parisienne. Les usagers et les semi-grossistes venaient de toute l'Île-de-France se fournir en saloperies dans l'une ou l'autre de ces cinq villes. Meddah a agi. Lambert agit aussi. Mais plus frontalement, plus violemment et plus médiatiquement, quitte à jouer avec le feu : ces quartiers sont des barils de poudre. On ne connaît pas la longueur de la mèche. Tout pourrait très bien nous sauter à la figure demain matin, comme en octobre et novembre 2005. Il y a tout juste cinq ans aujourd'hui... Attention aux anniversaires !

À la lecture des synthèses opérationnelles, qui recensent sur une journée de vingt-quatre heures tous les crimes et délits, on se rend compte que des affrontements ont lieu quasi quotidiennement entre les jeunes des quartiers populaires et les forces de l'ordre. On se rend compte également que des perquisitions ont lieu au beau milieu de la journée. Pourquoi cette provocation inutile ? Les perquisitions pourraient se faire à l'aube, quand les petites frappes dorment. Mais non : à l'aube, les journalistes aussi dorment. Et le travail de flic devient un grand spectacle. De la télé-réalité choc. Et la preuve par l'image que le gouvernement agit, que les lois républicaines s'imposent à nouveau dans les ghettos. Personne n'y croit. Et les voyous, dangereux comme des fauves affamés, se sentent en guerre.

Des chiffres encore. En 2008, près de 27000 faits de violences sur des policiers ont été constatés. En 2010, c'est bien parti pour dépasser les 30000, selon des estimations raisonnables. Sur les dix dernières années, les atteintes à l'intégrité physique des policiers et autres fonctionnaires de sécurité ont plus que doublé, passant de 3980 actes en 1996 à 8762 en 2008. La Seine-Saint-Denis reste le département le plus dangereux.

Alors oui, il faut agir. Vite et fort. Ne pas abandonner le terrain à quelques morveux sans foi ni loi, mais les arrêter et les mettre au trou. Mais pas comme ça. Une guerre de l'ombre pourrait être doublement plus efficace que cette lutte sous les projecteurs. Les lumières affolent les fauves et les rendent encore plus dangereux.

Un exemple : après les incidents de Tremblay-en-France à partir d'avril 2010 où des bus ont été brûlés ou « caillassés », le préfet Lambert, le ministre de l'Intérieur et les responsables des compagnies privées de transport et leurs représentants syndicaux se sont entendus pour qu'à chaque nouvelle descente de police les transporteurs soient prévenus, afin d'éviter le secteur désigné par les forces de l'ordre. L'accord n'a jamais été respecté. D'autres bus ont été piégés. Une fois, le pire a même été évité par miracle, lorsqu'à la suite d'une perquisition en plein samedi après-midi et en présence d'un individu interpellé la veille, ses amis ont lancé des cocktails Molotov sur un bus rempli de passagers. Par... « solidarité » avec le voyou arrêté. C'est dingue, mais c'est comme ça. Il aurait été plus simple, moins spectaculaire et surtout moins dangereux pour tout le monde de réaliser cette descente de police à 6 heures du matin. Évidemment, il n'y aurait pas eu d'images. Ou moins belles : un bus qui brûle au milieu d'une horde hurlant sa haine et sa bêtise, c'est toujours spectaculaire. Consciemment ou pas, ce genre d'opérations crée un climat favorable à la réitération des émeutes de 2005.

Il existe une autre solution pour lutter contre la délinquance : augmenter les effectifs de la police. Pour pallier le manque de policiers, notamment en Seine-Saint-Denis, le ministère de l'Intérieur compte recruter des adjoints de sécurité (ADS). 400 ADS vont être embauchés cette année, selon Brice Hortefeux. Une centaine d'entre eux seront déployés en Seine-Saint-Denis. On envoie des agneaux combattre les loups ! Je sais de quoi je parle : je suis une ancienne ADS. D'ailleurs, leur mission, telle qu'elle est officiellement définie par le ministère, ne les prépare pas à des patrouilles dans une ambiance de guérilla urbaine : les ADS « assistent les policiers dans leurs missions de prévention et de répression de la délinquance, de surveillance générale et d'assistance aux victimes. Dotés d'un uniforme, ils accueillent et informent le public dans les commissariats, font des patrouilles dans les quartiers, et contribuent au développement de la sécurité ». Ça, c'est la théorie. En réalité, les ADS sont des flics au rabais, taillables et corvéables à merci. Ils font plus, et bien davantage encore, en contradiction complète avec le règlement. Mais les envoyer dans les cités au bord de l'explosion, c'est de la folie. Dans les quartiers chauds, tous les voyous savent que les ADS sont le maillon faible. Ils les visent en premier. Des cibles parfaites : toucher un ADS, c'est fragiliser l'ensemble des intervenants. On les enverra au casse-pipe. Avec une formation insuffisante et le Smic pour salaire. Alors, avec une telle armée, « la guerre contre les trafiquants » n'est pas près d'être gagnée. Mais c'est une autre histoire.

Refus de prises de plainte, un fléau permanent au sein des commissariats

La loi du 15 juin 2000 a instauré le « guichet unique » en matière de dépôt de plainte auprès des services de police. Une circulaire du 14 mai 2001 établie par le ministère de l'Intérieur a renforcé l'article 15-3 du code de procédure pénale qui fait obligation à la police de recevoir les plaintes des victimes d'infractions, y compris lorsque ces plaintes sont déposées dans un service territorialement incompétent, celui-ci étant alors tenu de les transmettre au service compétent. La circulaire précise : « Il s'agit là de l'institution d'une forme de "guichet unique" en matière de dépôt de plainte, dont l'objet principal est de simplifier les démarches des victimes, spécialement de celles qui ont été atteintes par des infractions courantes, comme par exemple les vols. » Malgré cela, le procureur de la République de Paris rappelle régulièrement à l'ordre les services de police quant à la rédaction des plaintes. Des réunions sont régulièrement tenues entre des représentants du parquet et les référents-victimes, des policiers formés spécifiquement à la prise en charge des victimes, d'où il ressort que les plaintes ne sont pas systématiquement enregistrées. Le procureur exprime dans ces courriers une certaine lassitude vis-à-vis des policiers qui semblent préjuger des suites que la justice entend réserver à une plainte, de même lorsqu'une victime s'apprête à demander des dommages-intérêts : « [...] Il est rappelé que la demande de dommages-intérêts, qui doit être chiffrée et si possible accompagnée des justificatifs produits par la victime, sera soumise à la seule appréciation du tribunal. » En suivant les instructions du procureur, les policiers auraient certes davantage de travail, mais les usagers ressortiraient plus satisfaits d'un commissariat.

En dépit de ces relances politiques et administratives, le problème demeure entier. Quel citoyen, qui s'est rendu un jour dans un commissariat de police, n'a pas essuyé un refus lorsqu'il est venu déposer une plainte en bonne et due forme ? Les courriers adressés à la présidence de la République nous sont redescendus, ou parfois les usagers s'adressent directement au préfet de police : « Victime d'une agression, le samedi 9 avril, au cimetière parisien de Thiais ; choquée, traumatisée par cette agression, je me suis rendue au commissariat de mon domicile à Paris, aux environs de 16 heures. L'accueil nous a dirigés vers le service des plaintes où se trouvaient deux jeunes femmes policiers, je leur ai fait part de l'agression et il m'a été répondu que cela s'était déroulé en banlieue, en conséquence, il ne servait à rien de porter plainte à Paris car ce serait destiné à la corbeille à papier et qu'il n'y aurait aucune suite. J'ai été surprise par cette attitude et devant notre insistance, il nous a été remis un petit papier et conseillé d'écrire à l'adresse indiquée, celle du procureur de la République. J'ai donc quitté le commissariat sans avoir déposé plainte. Par la suite, je me suis rendue au commissariat de Thiais, très bon accueil malgré l'affluence, prise de plainte détaillée, mais l'agent a été très surpris par l'attitude des collègues parisiens qui auraient dû prendre la plainte. C'est, selon lui, obligatoire ; et ensuite, on aurait dû me diriger vers le médico-judiciaire pour constater les douleurs cervicales avec maux de tête et vomissements. Pourquoi les agents parisiens ont tout fait pour me dissuader de déposer plainte, voulant que je reparte déposer au commissariat de L'Haÿ-les-Roses (Val-de-Marne, compétent pour Thiais) alors que je n'étais pas en état de conduire mon véhicule ? » Les services de la préfecture de police de Paris se sont rapprochés du commissariat en cause où ils ont effectué un rappel à l'ordre.

En définitive, cette dame a eu moins de chance que la fille d'un chanteur. Décrite comme farfelue, elle dépose plainte pour n'importe quel prétexte. Ou des mains courantes à foison depuis l'année 2008. Au bout de la septième, les collègues rechignent à prendre en note ses doléances contre France Telecom, la Caf, sa banque ou encore contre ses voisins ! Certes, elle est décrite comme psychologiquement instable, mais il s'agit d'un enfant de *people*, qui dispose de ses entrées à l'Élysée, par conséquent les services de police sont censés se mettre en quatre pour le satisfaire. Il faut bien comprendre que s'il s'était agi d'une farfelue lambda, elle n'aurait pas eu la possibilité d'user et d'abuser de la patience des gardiens de la paix. Là comme ailleurs, et sans doute cela ne surprendra personne, l'égalité des citoyens n'est absolument pas respectée. C'est le moins qu'on puisse dire !

Ces dix dernières années, les récriminations contre la police sont devenues légion. Cela arrive aux policiers eux-mêmes lorsqu'ils revêtent leurs habits civils et qu'ils sont victimes d'une infraction quelconque. Même le directeur général de la police nationale n'y a pas échappé un jour. Alors que l'un de ses enfants s'était fait voler son scooter, le patron de la police nationale a voulu déposer plainte à l'unité de police de quartier (UPQ) de son domicile. Le préposé à l'accueil, qui évidemment ne l'a pas reconnu, lui a conseillé de prendre attache avec les agents de police du lieu de l'infraction ! Comme pour un citoyen lambda ! Même si c'est le DGPN lui-même qui a vécu cette mésaventure, cela n'a pas changé grand-chose aux refus permanents des collègues d'enregistrer systématiquement les plaintes. Ordre a-t-il été donné aux agents de dissuader les plaignants afin qu'ils transforment leur plainte en main courante, sachant que ces dernières ne sont pas automatiquement comptées dans les statistiques ? On peut le penser.

Les recommandations insistantes de la hiérarchie auprès des personnels sont de faire forcément, et au plus près possible, coïncider les infractions constatées avec les affaires élucidées. Lorsque ce n'est pas le cas, on invente ! On déclare des faits élucidés alors qu'ils ne le sont pas. Et pour cause : parfois, c'est le plaignant de la veille dont on n'a pas encore traité la plainte qui se retrouve affublé d'un E comme « élucidé ». Ce qui compte, ce sont les statistiques et non pas donner satisfaction à la victime d'un délit ! Cela se déroule ainsi dans tous les services de police. À la Police aux frontières comme ailleurs. Ainsi, tous les quinze jours, la patronne de la PAF d'Orly demande à ses subalternes de lui imprimer l'état 4001, c'est-à-dire le fichier qui résulte du bilan du système de traitements des infractions constatées (STIC). Selon la définition de la direction centrale de la police judiciaire, « il relève les faits constatés (délits et crimes) par les services de police, de gendarmerie et la préfecture de police de Paris (nomenclature différente sur la capitale), c'est-à-dire les crimes ou délits portés à la connaissance de ces services ou découverts par ceux-ci. Il concerne exclusivement les faits faisant l'objet d'une procédure judiciaire transmise au parquet ». Voilà pour la lettre, l'esprit est tout autre. On nous demande de ratisser large, mais de toujours présenter des chiffres avantageux. C'est ainsi que la hiérarchie se verra félicitée même si son travail réel ne correspond pas à son rendement légal ! La pression des chiffres est telle, et maintes fois dénoncée sans que cela change, que toute la chaîne de commandement obéit aux *desiderata* politiques. Si le citoyen croit que la police est au service du public, il se trompe : elle est au service des hommes politiques qui l'utilisent pour faire leur propre promotion.

C'est souvent à raison que les collègues hésitent à prendre les plaintes. Les commissariats sont en sous-effectifs chroniques et la politique du gouvernement Sarkozy-Fillon ne peut qu'aggraver la situation, derrière un discours ultrasécuritaire. Le non-remplacement d'un fonctionnaire de police sur deux n'a pas les mêmes conséquences pour la vie du citoyen qu'un fonctionnaire d'un centre des impôts ! Avec la Révision générale des politiques publiques, ce sont près de 4 000 policiers qui vont manquer. Et lorsqu'on s'intéresse à la répartition des effectifs, on va de surprise en surprise, comme le remarque *Le Parisien* du 23 avril 2009.

« Ce sont un peu moins de 2 000 fonctionnaires de police, 1 920 très exactement, qui sont affectés au département des Yvelines, 1,4 million d'habitants, alors que ce chiffre devrait théoriquement tourner autour de 3 500, la loi prévoyant en effet un ratio d'un policier pour 400 habitants. » Pour les Hauts-de-Seine, le département cher à Nicolas Sarkozy, notre président de la République, on compte, en moyenne, un policier pour 512 habitants. À cent habitants près, les effectifs de police sont à peu près équivalents dans le 92 et en Seine-Saint-Denis ! Ce n'est pas faire injure aux Sequano-Dyonisiens que de constater qu'il y a beaucoup plus de travail dans le 93 que dans le 92 !

Paradoxalement, la volonté de manipuler les chiffres se double en même temps d'une tentative d'améliorer l'accueil des usagers concernant leur plainte. Depuis une dizaine d'années, la préfecture de police essaie de trouver des solutions. Elle a, comme tous les services publics, affiché la charte Marianne dans l'ensemble des commissariats. Les policiers, comme les autres fonctionnaires, sont tenus d'appliquer, depuis 2005, dix règles de conduite pour l'accueil des usagers. En 2006, deux chargés de mission de la police urbaine de proximité (PUP) ont établi que « des difficultés et des obstacles organiques ou fonctionnels sont à l'origine de dysfonctionnements, de mauvais accueil et d'une relation police-public de qualité insuffisante ». C'est pourquoi le directeur de la PUP de l'époque avait décidé de mettre en place des questionnaires de satisfaction et des registres d'arrivée dans les locaux de police pour éviter une trop longue attente. Pour lui, il ne s'agissait pas seulement de mesures cosmétiques ; cela allait de pair avec son souhait de « mettre l'accent sur l'amélioration des comportements des policiers : proscription du tutoiement et discernement ».

Pour régler une fois pour toutes les problèmes récurrents des plaintes, il avait été décidé dès 2008 de remplir en ligne une préplainte ; ainsi qu'il est indiqué sur la page de garde du site www.pre-plainte-en-ligne.gouv.fr : « Ce service vous permet d'effectuer une déclaration pour des faits d'atteinte aux biens (vols, dégradations, escroqueries...) dont vous êtes victime et pour lesquels vous ne connaissez pas l'identité de l'auteur. Cette démarche vise essentiellement à vous faire gagner du temps lors de votre présentation à l'unité ou service choisi. » À l'essai dans deux départements, les Yvelines et la Charente-Maritime, le dispositif n'a pas encore essaimé. Un bilan a d'ores et déjà été établi par la direction générale de la police nationale (DGPN). « Il reste à régler des problèmes relatifs à la non-réception par les services de police du numéro de dossier correspondant au dépôt de la préplainte (que reçoit par ailleurs le plaignant) », est-il indiqué dans cette note de la DGPN. À la suite de la mise en place de ce système expérimental dans les deux départements pilotes, la DGPN et la direction générale de la gendarmerie nationale (la préplainte concerne également la gendarmerie) a lancé une enquête de satisfaction du dispositif de préplainte en ligne. En attendant les résultats, il est sûr que la mise en œuvre d'une telle solution réconcilierait la police et les usagers. Certes au risque de faire exploser les statistiques !

En guise de conclusion, ébauche de solution pour une police vraiment républicaine

La police n'est pas, et ne peut pas être une institution à part, au-delà des règles. La plupart des policiers sont des gens qui aiment leur métier et veulent le faire dans les meilleures conditions possibles

Je sais que ce que je viens de dénoncer dans ces pages en fera tousser plus d'un. Mais les autres, l'immense majorité des autres, applaudiront. En silence, pour ne pas se faire remarquer, mais ils applaudiront.

Les policiers ont besoin de s'appuyer sur la population et qu'on les respecte pour ce qu'ils sont : les gardiens de la loi et les garants des libertés individuelles. Ils ne veulent plus que leur uniforme soit brocardé et ridiculisé. Mais plus que tout, ils aimeraient que cet uniforme ne fasse peur qu'aux voyous. Pour cela, il faut que la police se rapproche des citoyens. Contrairement à ce que croit l'ancien ministre de l'Intérieur et actuel président de la République, jouer au foot avec des jeunes ne fait pas de mal aux policiers. En 2003, alors qu'il était à l'Intérieur, il avait pris à partie le patron de la police de Toulouse.

« La police de proximité est là pour prévenir, mais si elle est faite au détriment du travail d'investigation et d'interpellation, elle ne sert à rien [...]. Vous n'êtes pas des travailleurs sociaux [...]. Les citoyens attendent d'abord de vous que vous arrêtiez les délinquants. »

On dirait du Bianchi. Je crois que la plupart des flics pensent le contraire. Nous sommes quelques-uns à nous dire que notre boulot consiste aussi à ce que des jeunes déstructurés ne deviennent pas des délinquants. Qu'il faut s'en occuper avant d'avoir à leur passer les menottes aux poignets. C'est ça aussi, notre boulot : prévenir. Aider et servir.

Quand on joue au foot avec un gamin des cités, il ne nous voit plus comme un ennemi. Mais comme quelqu'un qui lui ressemble. Ou, mieux encore, comme quelqu'un à qui il aimerait ressembler. Je ne suis pas naïve : on ne transformera pas tout le monde en bon citoyen. Mais si on réussit avec 100 jeunes, 20, ou même un seul, c'est déjà ça de gagné. Ça vaut le coup de faire un effort pour celui-là.

Enfin bref, puisqu'il faut des chiffres, en voilà encore. Avec la méthode Sarkozy, Toulouse ne se porte pas mieux : les vols avec violence ont augmenté de 49 % entre 2009 et 2010.

Les flics sont heureux quand ils arrêtent des criminels. Ils le sont encore plus quand il y a moins de criminels à arrêter.

Aujourd'hui les policiers ne sont pas heureux. Et prétendre que tous les citoyens aiment leur police est un mensonge pur et simple. Il y a un fossé entre la police et la population. Il serait pourtant tellement facile de jeter des passerelles sur ce fossé. Et si un match de foot en est une, je m'entraîne dès demain !

On dit souvent que les flics sont mal payés. C'est faux. Enfin, ce n'est pas complètement vrai. Je m'explique : un gardien de la paix débute à 1 800 euros net mensuels au premier échelon, et au dernier échelon, il perçoit 2 500 euros net. Ce n'est pas le Pérou, mais ce n'est pas Calcutta non plus. On s'en sort à peu près. D'autres métiers à risques, notamment dans la sécurité privée, sont nettement moins rémunérateurs et beaucoup plus risqués. En revanche, les salaires des policiers devraient être adaptés en fonction de leur mission. Aujourd'hui, un homme en poste toute la semaine derrière un bureau perçoit exactement la même paye qu'un flic de terrain du même grade, mais qui se prend des cailloux sur la tête à longueur de journée. Des cailloux, ou des machines à laver lancées du dixième étage d'une tour délabrée d'un quartier plus délabré encore. Ou une balle de revolver. Ou une rafale de kalachnikov, une roquette ou une grenade. Parce qu'on en est là.

Une rallonge, proportionnelle à la délinquance sur le lieu d'affectation, aurait dû être créée depuis bien longtemps. À lire nos textes officiels, on pourrait croire qu'une telle prime existe déjà, puisqu'on nous attribue une indemnité, revalorisée en juin 2010, dite de « fidélisation en secteur difficile attribuée aux fonctionnaires actifs de la police nationale ». Le montant de ces primes ? De 202 à 1 205 euros. Et les secteurs à risques sont déterminés de curieuse façon. Paris en est un, par exemple. Je veux dire tout Paris. Le XIXe arrondissement comme le XVIe, le XVIIIe comme le VIIe, que l'on soit dans un service administratif ou sur le trottoir toute la journée. Ou toute la nuit.

On a également institué des primes au mérite, qui n'ont de mérite que le nom. Elles sont distribuées à la tête du client, en fonction de l'humeur des patrons des services. Ainsi la numéro trois de la PAF d'Orly, mutée à Roissy-Charles-de-Gaulle à la suite de notre plainte, a tout de même perçu 800 euros de prime à la demande de la nouvelle patronne de la Police aux frontières d'Orly. Un comble.

Plus important si l'on veut améliorer le fonctionnement de la police et ses relations avec la population : une charte contre toutes les discriminations devrait être affichée au sein de tous les commissariats. Elle rappellerait à chacun le respect des différences et les risques encourus en cas de comportement contraire à l'éthique des droits de l'homme. Une formation antidiscrimination devrait être dispensée à l'intérieur des écoles de la police nationale.

On pourrait aussi envisager un comité d'éthique, comme cela existe dans d'autres domaines. Une commission de professionnels au-dessus de tout soupçon, qui trancherait les cas litigieux en sanctionnant très sévèrement tout manquement grave aux droits de l'homme élémentaires.

Pendant la rédaction de ce livre, plusieurs fonctionnaires dont je parle dans cet ouvrage ont été mutés, comme la brigadier-chef homophobe.

Pourtant, on me dit que la situation de la PAF d'Orly ne s'est pas améliorée. Certains pensent même qu'elle a empiré. La majorité des empêcheurs de magouiller en rond sont désormais partis. La voie est libre, de cette liberté du renard dans le poulailler.

Malgré tout, je ne suis pas au bout de mes peines. La Haute autorité de lutte contre les discriminations et pour l'égalité (Halde), saisie en mars 2009 par mes collègues et moi-même, a délibéré un an plus tard. Après enquête contradictoire, elle est parvenue à la conclusion qu'Ève C. et Nadia S., le couple pacsé, avaient bien été victimes de discriminations liées à leur orientation sexuelle ; en ce qui me concerne, la Halde a fait admettre au ministère de l'Intérieur que j'avais bel et bien été discriminée durant ma carrière à la Police aux frontières d'Orly. Les conclusions auxquelles est arrivée la Halde ont favorisé ma réintégration au sein de la police. Mes avocates ont été informées par la Halde qu'elle rendrait publiques ces décisions dès le mois d'avril 2010. Des journalistes ont pris également contact avec la Haute autorité, qui leur a confirmé que les trois policiers avaient bien subi un traitement défavorable de la part de leur hiérarchie.

Ces décisions ont été prises alors que Louis Schweitzer, un homme reconnu pour son indépendance d'esprit, était président de la Halde.

Depuis, il a laissé la place à Jeannette Bougrab nommée par M. Nicolas Sarkozy en avril 2010. À ce jour, 6 septembre 2010, si l'actuelle présidente a reconnu auprès de moi, deux jours plus tôt et devant témoins, que l'institution policière nous avait bel et bien discriminées, il n'en demeure pas moins que la décision n'a toujours pas été rendue publique. Pourquoi ? Rappelons que la reconnaissance des faits de discrimination devait à l'origine être portée à la connaissance de l'opinion en avril, ensuite en juin et enfin en septembre. On nous annonce désormais qu'elle le sera à la mi-octobre 2010. On verra !

C'est pour ça que j'ai écrit ce livre : pour que les choses changent. Je ne sais pas si ces quelques pages seront efficaces ou suffisantes. Il y a un tel nettoyage à faire... Mais j'aurai essayé. C'est déjà ça.

J'ai la conscience tranquille.

Remerciements

Je voudrais remercier toutes celles et tous ceux qui se sont trouvés à mes côtés ces derniers mois et qui m'ont soutenue durant toute cette période.

Mes sincères et plus profonds remerciements également à Jean-Marie Montali, Aziz Zemouri, Emmanuel, Christophe Jicquel, Mourad Zeghidi, Mostapha Kessous, Sabrina, Évelyne, Samia Maktouf, Béatrice Dubreuil, Jamila Guizani, Nadia Najar, Fadila Khider, François Benaceur, Laura Berg, et bien sûr mon éditeur.

Merci encore à Jean-Marie Montali.

Un merci particulier à Aziz Zemouri.

Une pensée particulière à toutes les victimes citées dans ce livre.

Une pensée tendre également pour mon père Abderrazak, qui m'a toujours soutenue.

Table

DANS LA COLLECTION « DOCUMENTS »

au cherche midi

Documents « Actualité »

PHILIPPE BILGER
États d'âme et de droit

LAURENT CABROL
Et si la Terre s'en sortait toute seule ?

JEAN-LUC CALYEL
GIGN. Les secrets d'une unité d'élite

DIDIER DAENINCKX
La Mémoire longue

LAËTITIA DARMON – KIMO
T'es toujours en vie, toi ?

LAURENT HUBERSON
Enquête sur Edwy Plenel

PATRICK PELLOUX
Urgences pour l'hôpital
Histoires d'urgences (tomes 1 et 2)

REPORTERS SANS FRONTIÈRES
Pourquoi il faut boycotter la cérémonie d'ouverture des JO de Pékin

HOMAYRA SELLIER – SERGE GARDE
Enquête sur une société qui consomme des enfants

Documents « Politique »

ALAIN BOCQUET
Un Marx, et ça repart !

CLAUDE DEMELENNE
Pour ou contre la Belgique française

JULIEN DRAY
Et maintenant ?
L'Épreuve

STÉPHANE GATIGNON
À ceux que la gauche désespère

NICOLE GUEDJ
Pour des Casques Rouges à l'ONU

JEAN-CHRISTOPHE LAGARDE
Les Hypocrisies françaises

PIERRE MOSCOVICI
Mission impossible ?
Comment la gauche peut battre Sarkozy en 2012

DOMINIQUE PAILLÉ
Les Habits neufs des faux centristes.
Arnaque ou imposture ?

Documents « Histoire »

ALEXANDRE BORYCKI
17 juillet 1942 :
un train parmi tant d'autres

DENIS COHEN
ET VALÈRE STARASELSKI
Un siècle de Vie ouvrière

FRANÇOIS EYCHART
ET GEORGES AILLAUD
« Les lettres françaises »
et « Les étoiles » dans la clandestinité
1942-1944

CHRISTIAN LANGEOIS
Marguerite.
Biographie de Marguerite Buffard-Flavien
(1912-1944)

PIERRE-ROBERT LECLERCQ
La Comtesse de Loynes

PAUL MARCUS
60 ans d'amours contrariées.
Les relations franco-israéliennes
de 1948 à aujourd'hui

ROCHUS MISCH
J'étais garde du corps d'Hitler

MAURICE RAJFSFUS
La Police de Vichy
Drancy, un camp de concentration
très ordinaire
La Police hors la loi
Les Français de la débâcle
Mai 68
La Censure militaire et policière
1914-18
De la victoire à la débâcle
Opération étoile jaune
La Rafle du Vel d'hiv
La Libération inconnue
Le Chagrin et la Colère
Candide n'est pas mort

EDVARD RADINSKY
Alexandre II.
La Russie entre espoir et terreur

EVA SCHLOSS
L'Histoire d'Eva.
Les Mémoires de la demi-sœur
d'Anne Frank

TIMOTHY W. RYBACK
Dans la bibliothèque privée
d'Hitler

Documents « Biographies/ Témoignages »

ANDRÉ AUBERGER
Un fauteuil pour la vie

CHARLIE BAUER
Le Redresseur de clous

LOUIS BÉRIOT
Un coup de foudre éternel

VÉRONIQUE DABADIE
Conversations avec Jean-Loup

CHRISTOPHE DOMINICI
Bleu à l'âme

GILLES DURIEUX
Belmondo

PATRICK DE FUNÈS
Médecin malgré moi

ZOSIA GOLDBERG
À travers le feu

ANNE JOUBERT
De la zone à l'ENA

OLIVIER DE KERSAUSON
Ocean's songs

VICTOR LANOUX
Laisser flotter les rubans

CÉCILE ET OLIVIER DE LA ROCHEFOUCAULD
Les Enfants du large

PIERRE PERRET
A cappella
Le Café du Pont

FRANÇOISE SAGAN
Tout le monde est infidèle.
Entretiens avec André Halimi

GUY VADEPIED
Émilien Amaury (1909-1977).
La véritable histoire d'un patron de presse du XXe siècle

CHARLOTTE VALANDREY
L'Amour dans le sang

JACQUES WEBER
Des petits coins de paradis

Documents « Société/Économie »

STÉPHANIE BECQUET
Journal d'un médecin généraliste

Guide FO du salarié 2009

JACQUES BENHAMOU
Héritages, patrimoine, successions

SAUVEUR BOUKRIS
Ces médicaments qui nous rendent malades

SABINE BOURGEY
L'Art et la manière d'avoir de la chance

FRANCK CHAUMONT
Homo-ghetto.
Gays et lesbiennes dans les cités : les clandestins de la République

YVES COUPRIE
Manuel de survie par temps de crise

BERTRAND COUSIN
Un énarque dans la choucroute

JEAN-PIERRE CROUZET
Ambitions pour le vrai pain

DOMINIQUE DEVEDEUX –
MARIANNE DE SOUZA
Contes de l'amour en ligne

JEAN-BAPTISTE DROUET
Les Maltraitances invisibles

MARIELLE DUMORTIER
Mon médecin du travail

FABRICE LACOMBE –
LUCIE ROBEQUAIN
Les Emplois de demain

PIERRE MARTIN
L'Économie de proximité

MARTIN MONESTIER
Peines de mort
Les Animaux soldat
Suicides
Histoires et bizarreries sociales des excréments
Les Enfants esclaves
Les Mouches
Cannibales, histoires et bizarreries de l'anthropophagie
Les Seins
La Callas, de l'enfer à l'Olympe
Les Poils, histoires et bizarreries
Faits-divers
Le Crachat
Duels
Les Enfants assassins
Les Monstres
Les Animaux célèbres
Les Gueules cassées

JEAN-CLAUDE SEYS
Abécédaire impertinent du management

EMMANUEL PIERRAT
ET LAURENT KUPFERMAN
Le Paris des francs-maçons

DOMINIQUE SOPO
Combat laïque

Mis en pages par DV Arts Graphiques à La Rochelle.
Imprimé en France par CPI Bussière
à Saint-Amand-Montrond (Cher).
N° d'édition : 1801. — N° d'impression : 102952/1.
Dépôt légal : octobre 2010.
ISBN : 978-2-7491-1801-7